国家卫生和计划生育委员会"十三五"规划教材配套教材

全国高等学校配套教材

供康复治疗学专业用

儿童康复学
实训指导

主　　编　庞　伟

副 主 编　朱登纳　陈　楠

编　　委　（以姓氏笔画为序）

马冬梅（佳木斯大学）　　　　　　　　陈　楠（上海交通大学）

王景刚（中国医科大学深圳儿童医院）　庞　伟（佳木斯大学）

朱登纳（郑州大学）　　　　　　　　　侯　梅（青岛大学）

刘　鹏（徐州医科大学）　　　　　　　袁兆红（济宁医学院）

李　鑫（佳木斯大学）　　　　　　　　梁莉丹（温州医科大学）

吴绪波（上海中医药大学）

人民卫生出版社

图书在版编目（CIP）数据

儿童康复学实训指导／庞伟主编.—北京：人民
卫生出版社,2019
本科康复治疗专业第三轮规划教材配套教材
ISBN 978-7-117-27972-7

Ⅰ.①儿⋯　Ⅱ.①庞⋯　Ⅲ.①小儿疾病－康复医学－
高等学校－教材　Ⅳ.①R720.9

中国版本图书馆 CIP 数据核字（2019）第 008568 号

人卫智网　www.ipmph.com	医学教育、学术、考试、健康, 购书智慧智能综合服务平台
人卫官网　www.pmph.com	人卫官方资讯发布平台

儿童康复学实训指导

主　　编：庞　伟
出版发行：人民卫生出版社（中继线 010-59780011）
地　　址：北京市朝阳区潘家园南里 19 号
邮　　编：100021
E - mail：pmph @ pmph. com
购书热线：010-59787592　010-59787584　010-65264830
印　　刷：北京虎彩文化传播有限公司
经　　销：新华书店
开　　本：787×1092　1/16　印张：5
字　　数：128 千字
版　　次：2019 年 1 月第 1 版　2025 年 1 月第 1 版第 4 次印刷
标准书号：ISBN 978-7-117-27972-7
定　　价：16.00 元

儿童康复学(rehabilitation of children)作为康复医学的重要组成部分,面对的是生长发育中的特殊群体——特殊需求儿童。近年来,随着社会和经济的发展以及人们对儿童康复的认识,儿童康复疾病的种类已经从单纯的以小儿脑瘫康复为主,发展为针对不同发育障碍或落后、不同疾病或创伤以及不同康复需求者的更为广泛的康复,儿童康复学也逐渐形成较为完整的理论和实践体系。

由于儿童处于生长发育阶段,因此儿童康复学具有理论、技术以及疾病和康复需求对象等方面的特殊性。通过本课程的学习,使学生掌握儿童康复学的基本理念、基本理论和基本技能及儿童康复常见疾病的康复评定和康复治疗技术,为今后的临床儿童康复实践打下基础。

为进一步巩固理论知识和增强学生实践动手能力,保证本门课程的教学效果,各位负责编写的教师参考主干教材及结合临床工作中常见特殊需求儿童疾病康复的特点,尽力完成了此书的编写工作。这是在国内首次编写《儿童康复学实训指导》,由于编写时间仓促,经验不足,我国尚无可供参考的此类手册,本实训指导手册难免有许多不足之处,希望各位儿童康复同行给予批评指正。

庞 伟

2018 年 12 月

目录

实训一　儿童运动功能评定

【学时】

4 学时

【目的】

完成该实验后,学生应该能够:

1. 掌握小儿反射发育、粗大运动和精细运动的发育规律。
2. 掌握儿童粗大运动和精细运动评定量表的使用。
3. 掌握步态中的基本要素,能进行步态分析。

【课前准备】

1. 阅读《儿童康复学》第二章"儿童康复评定"第三节"儿童运动功能评定"相关内容。
2. 阅读本节实训指导相关内容。
3. 儿童运动功能量表使用方法。

【器材】

1. Alberta 婴儿运动量表(Alberta infant motor scale,AIMS)
2. 粗大运动功能测试量表(gross motor function measure,GMFM)
3. 粗大运动功能分级系统量表(gross motor function classification system,GMFCS)
4. Peabody 运动发育评定量表第二版(Peabody developmental motor scale-Ⅱ,PDMS-2)
5. 改良 Ashworth 痉挛量表(modified Ashworth scale,MAS)
6. 精细运动功能测试量表(fine motor function measure,FMFM)
7. 手功能分级系统量表(manual ability classification system for children with cerebral palsy,MACS)
8. 诊断床(或 PT 床)
9. 量角器
10. 稿纸

【步骤要求】

本次实验采用模拟患儿(可用布偶娃娃代替或同学之间模拟操作),4~6 个同学为一小组进行实训操作。

一、发育性反射与反应的评定

包括原始反射、立直反射、平衡反射。

二、粗大运动功能评定

（一）Alberta 婴儿运动量表（AIMS）

通过观察来评定 0~18 月龄或从出生到独立行走这段时期婴儿的运动发育水平。包括 58 个项目，主要对婴儿负重、姿势、抗重力运动三方面特征进行评定，分为俯卧位（21 个项目）、仰卧位（9 个项目）、坐位（12 个项目）及站立位（16 个项目）四个亚单元，对每个项目依据"观察到"或"未观察到"评分，并计算出 AIMS 的原始分，然后通过与常模比较得出受试婴儿在同龄儿中所处的百分位，由此判断受试婴儿运动发育水平。

（二）小儿肌力评定

检查四肢关节周围肌群以及躯干肌群，可在全身各个部位，通过一定的动作姿势分别对各个肌群的肌力作出评定。常用方法为徒手肌力检查（manual muscle testing，MMT），分级标准为 6 级。

（三）肌张力评定

根据被动活动肢体时的反应以及有无阻力变化，将肌张力分为 5 级，常采用改良 Ashworth 痉挛量表（MAS）评定。小儿肌张力评定的指标量化比较困难，评定可通过观察、触摸肌肉的软硬程度、被动运动肢体、关节活动范围正常与否来判断。

（四）关节活动度的评定

关节活动度的评定通常采用量角器法，针对小儿关节活动度和肌张力的评定还有以下一些特殊方法：头部侧向转动试验、臂弹回试验、围巾征、腘窝角、足背屈角、跟耳试验、内收肌角、牵拉试验。

（五）粗大运动功能测试（GMFM）

GMFM 量表每项采用 4 级评分（0、1、2、3）。GMFM 88 项分为 5 个分区：A 区为卧位和翻身，总分 51 分（17 项）；B 区为坐位，总分 60 分（20 项）；C 区为爬和跪，总分 42 分（14 项）；D 区为站位，总分 39 分（13 项）；E 区为走、跑、跳，总分 72 分（24 项），该量表属于顺序量表，五个分区可以独立或组合进行评定。评定结果包括五个分区的原始分和百分数，以及目标区域百分数和总分数。

（六）粗大运动功能分级系统（GMFCS）

GMFCS 分为 5 个年龄组：0~2 岁、2~4 岁、4~6 岁、6~12 岁、12~18 岁；每个年龄组又根据患儿运动功能的表现划分为 5 个级别，Ⅰ级为最高，Ⅴ级为最低，见表 1-1。

（七）Peabody 运动发育评定量表第二版（PDMS-2）

适用于 0~72 个月儿童，是一种定量和定性功能评定量表，包括 2 个相对独立的部分，6 个分测试，3 个给分等级，最后得出：原始分、相当年龄、百分比、标准分（量表分）、综合得来的发育商和总运动商。

表 1-1　6 岁以上儿童 GMFCS 各级别最高能力描述

级别	GMFCS 各级别最高能力描述
I	能够不受限制地行走,在完成更高级的运动技巧上受限
II	能够不需要使用辅助器具行走,但是在室外和社区内的行走受限
III	使用辅助移动器具行走,在室外和社区内的行走受限
IV	自身移动受限,孩子需要被转运或者在室外和社区内使用电动移动器具行走
V	即使在使用辅助技术的情况下,自身移动仍然严重受限

三、精细功能评定

(一)精细运动功能测试(FMFM)

FMFM 量表共有 5 个能力 61 个项目,包括视觉追踪(5 项)、上肢关节活动能力(9 项)、抓握能力(10 项)、操作能力(13 项)、手眼协调能力(24 项),采用 0、1、2、3 四级评分法。

(二)手功能分级系统(MACS)

MACS 参照 GMFCS 的分级方法,分为 5 个级别,I 级为最高,V 级为最低,适用年龄 4~18 岁,见表 1-2。

表 1-2　MACS 各级别最高能力描述(4~18 岁)

级别	MACS 各级别最高能力描述
I	能轻易成功地操作物品
II	能操作大多数物品,但在完成质量和(或)速度方面受到一定影响
III	操作物品困难,需要帮助准备和(或)调整活动
IV	在调整的情况下,可以操作有限的简单物品
V	不能操作物品,进行简单活动的能力严重受限

四、步态分析

(一)利用观察法和足印法分析步态

(二)儿童常见异常步态分析

臀大肌步态、臀中肌步态、股四头肌步态、剪刀步态、共济失调步态、膝内翻或膝外翻步态。

【讨论】

1. 造成各种异常步态的相关因素有哪些?
2. 若在评定中儿童不能配合该如何处理?

实验操作课记录表

实验名称	儿童运动功能评定		
学时数	4	小组成员	
目的	完成该实验后,学生应该能够: 1. 掌握小儿反射发育、粗大运动和精细运动的发育规律 2. 掌握各种儿童粗大运动和精细运动评定量表 3. 掌握步态中的基本要素,能进行步态分析		
要求	1. 在操作课中注意安全,遵守实验室管理规定和医学伦理道德 2. 爱护实验设备,保持环境整洁,如有实验设备破损请及时向老师汇报 3. 必须按照操作步骤进行 4. 要求每位同学在此次课程中积极参加讨论		

	序号	名称	数量	备注
所需器材	1	Alberta 婴儿运动量表(AIMS)		
	2	粗大运动功能测试量表(GMFM)		
	3	粗大运动功能分级系统量表(GMFCS)		
	4	Peabody 运动发育评定量表第二版(PDMS-2)		
	5	精细运动功能测试量表(FMFM)		
	6	手功能分级系统量表(MACS)		
	7	改良 Ashworth 痉挛量表(MAS)		
	8	诊断床(或 PT 床)		
	9	量角器		
	10	稿纸		

实验操作记录	一、发育性反射与反应的评定 (一)原始反射 (二)立直反射 (三)平衡反射 二、粗大运动功能评定 (一)Alberta 婴儿运动量表(AIMS) (二)小儿肌力、关节活动度和肌张力评定 肌力评定、肌张力评定、关节活动度的评定。针对小儿关节活动度和肌张力的评定还有以下一些特殊方法:头部侧向转动试验、臂弹回试验、围巾征、腘窝角、足背屈角、跟耳试验、内收肌角、牵拉试验。 (三)粗大运动功能测试(GMFM) (四)粗大运动功能分级系统(GMFCS) 三、精细功能评定 (一)精细运动功能测试(FMFM) (二)手功能分级系统(MACS) 四、步态分析 (一)利用观察法和足印法分析步态 (二)Gillette 功能评定问卷(FAQ) (三)儿童常见异常步态分析

讨论记录	1. 对于不同年龄段的儿童推荐运动功能测试间隔时间分别是多久？ 2. 造成各种异常步态的相关因素有哪些？ 3. 若在评定中儿童不能配合该如何处理？
教师评语	

学生签名：　　　　　　　　　　教师签名：

实训二　儿童日常生活活动能力评定

【学时】

4 学时

【目的】

完成该实验后,学生应该能够:

1. 掌握儿童运动、自理、交流及家务活动能力的发育规律。
2. 掌握常用的日常生活活动能力评定量表评定方法。
3. 掌握常用的日常生活活动能力评定量表评分标准。

【课前准备】

1. 阅读《儿童康复学》第二章"儿童康复评定"第四节"儿童日常生活活动能力评定"相关内容。
2. 阅读本节实训指导相关内容。
3. 儿童运动、自理、交流及家务活动能力的发育规律。
4. 常用日常生活活动能力评定量表。

【材料】

1. 改良 Barthel 指数量表(MBI)
2. 儿童功能独立性评定量表(Wee function independent measurement,Wee-FIM)
3. 能力低下儿童评定量表(pediatric evaluation of disability inventory,PEDI)
4. 儿童综合功能评定量表
5. 日常生活用品,如衣服、勺子等
6. 日常生活环境设施,如厕装置、室内模拟楼梯等
7. 诊断床(PT床)
8. 稿纸

【步骤要求】

本次实验采用同学之间模拟操作,4~6 名同学为一小组轮流作为测试者和被测者。

一、改良 Barthel 指数评定量表（MBI）

包括进食、洗澡、修饰、穿衣、大便控制、小便控制、如厕、床椅转移、活动步行、上下楼梯 10 项内容。洗澡、修饰两个项目分为 2 个等级（0 分、5 分）；进食、穿衣、大便控制、小便控制、如厕、上下楼梯六个项目分为 3 个等级（0 分、5 分、10 分）；床椅转移、活动步行两个项目分为 4 个等级（0 分、5 分、10 分、15 分）。满分为 100 分。得分≥60 分表示有轻度功能障碍，能独立完成部分日常活动，需要一定帮助；59~41 分表示有中度功能障碍，需要极大的帮助才能完成日常生活活动；≤40 分表示有重度功能障碍，多数日常生活活动不能完成或需人照料。10 个评定项目都细分为 5 级，即完全依赖、大量帮助、中等帮助、少量帮助和完全独立 5 个等级，独立能力与得分呈正相关，见表 2-1。

表 2-1 改良 Barthel 指数评定表

项目	完全独立	少量帮助	中等帮助	大量帮助	完全依赖
大便控制	10	8	5	2	0
小便控制	10	8	5	2	0
进食	10	8	5	2	0
穿衣	10	8	5	2	0
如厕	10	8	5	2	0
修饰	5	4	3	1	0
洗澡	5	4	3	1	0
床椅转移	15	12	8	3	0
平地行走	15	12	8	3	0
上下楼梯	10	8	5	2	0

二、儿童功能独立性评定表（Wee-FIM）

评定适用于 6 个月~7 岁儿童，主要评定 ADL 的独立程度和依赖程度，见表 2-2。

功能水平和评分标准：

（一）独立

活动中不需他人帮助。

1. **完全独立（7 分）** 构成活动的所有作业均能规范、完全地完成，不需修改和辅助设备或用品，并在合理的时间内完成。

2. **不完全独立（6 分）** 活动中不需人帮助，但可能有以下情况：活动中需要辅助设备；活动时间比正常长 3 倍；需考虑安全。

（二）依赖

为了进行活动，患者需要另一个人予以监护或身体的接触性帮助，或者不进行活动。

1. **不完全依赖** 患者自己完成 50% 以上，其所需的辅助水平如下：

表 2-2 儿童功能独立性评定量表

分类		具体项目
运动功能	自理能力	1 进食
		2 梳洗修饰
		3 洗澡
		4 穿裤子
		5 穿上衣
		6 上厕所
	括约肌控制	7 膀胱管理(排尿)
		8 直肠管理(排便)
	转移	9 床、椅、轮椅间
		10 如厕
		11 盆浴或淋浴
	行走	12 步行/轮椅/爬行/三者
		13 上下楼梯
	运动功能评分	
认知功能		14 理解(听觉/视觉/两者)
		15 表达(言语/非言语/两者)
		16 社会交往
		17 解决问题
		18 记忆
	认知功能评分	
FIM 总分(运动+认知)		
评定人		

监护和准备(5 分):患者所需的帮助只限于备用、提示或劝告,帮助者和患者之间没有身体的接触或帮助者仅需帮助准备必须用品;或帮助戴上矫形器。

最小帮助(4 分):患者所需的帮助只限于轻轻接触,患者自己完成 75%以上。

中度帮助(3 分):患者需要中度的帮助,患者自己能完成 50%~74%。

2. 完全依赖 患者需要 1/2 以上的帮助或完全依赖他人,否则活动就不能进行。

最大帮助(2 分):患者自己完成 25%~49%。

完全依赖(1 分):患者自己完成 25%以下。

WeeFIM 的最高分为 126 分(运动功能评分 91 分,认知功能评分 35 分),最低分为 18 分。

126 分:完全独立;108~125 分:基本独立;90~107 分:有条件的独立或极轻度依赖;72~89分:轻度依赖;54~71 分:中度依赖;36~53 分:重度依赖;19~35 分:极重度依赖;18 分:完全依赖。

三、能力低下儿童评定（PEDI）

主要针对 6 个月~7.5 岁的能力低下儿童以及基本能力低于 7.5 岁正常水平的大年龄儿童。PEDI 用来评估儿童整体日常生活活动能力,可以分区域评估自理能力、移动能力和社会功能三方面的受限程度以及功能变化与年龄之间的关系等,见表 2-3。评估过程是在评估场所通过观察评估对象的实际操作能力,以及照顾者在一系列强制问题中选择有关其儿童在所有或大部分日常环境中的适应能力和功能,以及与其他儿童互动的反应来获得 PEDI 得分。计分方式采用 0、1 两级评分法,评估结果包括原始分和两种转换分值(标准分、尺度分),尺度分是没有经过年龄修正的等距难度分值(0~100),分值越高表示能力越强,标准分是经过修正的难度分值,反映被测儿童与同龄正常儿童相比所达到的能力值(0~100)。

表 2-3　PEDI 功能性活动量表的三个分区的 41 个项目

日常生活分区	移动能力分区	社会功能分区
食物种类	厕所移乘	语言理解
使用食器	椅子/轮椅移乘	理解句子、文章复杂性
使用饮料容器	向车内移动	交流功能的使用
刷牙	床移动/移乘	表达复杂的交流
整理头发	移乘至浴槽	问题解决
鼻腔护理	屋内的移动方法	社会交流、游玩(与成人)
洗手	屋内行走-距离和速度	同龄人之间的交流
洗身体/脸	屋内移动-牵拉搬运物体	用物品游玩
穿套衫/开衫	屋外移动方法	关于自己的情报
扣绊	屋外移动-距离和速度	时间的定位
穿裤子	屋外移动-路面	家庭工作
鞋/袜	上阶梯	自我防卫
如厕	下阶梯	在社区内的功能
排尿管理		
排便管理		

四、儿童综合功能评定

由中国康复研究中心研发,主要用来评定小儿脑性瘫痪儿童的功能,量表分为认知功能、言语功能、运动能力、自理动作、社会适应五个能区,包括 50 个小项。脑瘫儿童 ADL 评定要点如下:进食动作、更衣动作、修饰动作、排便动作、入浴动作、体位转移、重心移动等方面的能力。该量表总分是 100 分,每个小项完成是 2 分,每项大部分完成是 1.5 分,每项完成一半是 1 分,每项小部分完成是 0.5 分,不能完成是 0 分,见表 2-4。

表 2-4 儿童综合功能评定表

项目	分数	项目	分数
一、认知功能		6. 站	
1. 认识常见形状		7. 走	
2. 分辨常见概念		8. 上下楼梯	
3. 基本空间概念		9. 伸手取物	
4. 认识四种颜色		10. 拇食指取物	
5. 认识画上的东西		合计	
6. 能画圆、竖、横、斜线		四、自理动作	
7. 注意力可集中瞬间		1. 开水龙头	
8. 对经过事情的记忆		2. 洗脸、洗手	
9. 寻求帮助表达意愿		3. 刷牙	
10. 能数数和加减法		4. 端碗	
合计		5. 用手或勺进食	
二、言语功能		6. 穿脱上衣	
1. 理解如冷、热、饿		7. 穿脱裤子	
2. 有沟通的意愿		8. 穿脱鞋袜	
3. 能理解别人的动作表情		9. 解系扣子	
4. 能表达自己的需求		10. 便前、便后处理	
5. 能说 2~3 个字的句子		合计	
6. 能模仿口部动作		五、社会适应	
7. 能发 b、p、a、o、ao 等音		1. 认识家庭成员	
8. 遵从简单指令		2. 尊敬别人,见人打招呼	
9. 能简单复述		3. 参与集体性游戏	
10. 能看图说简单的话		4. 自我称谓和所有关系	
合计		5. 能与母亲离开	
三、运动能力		6. 知道注意安全不动电火	
1. 头部控制		7. 认识所在环境	
2. 翻身		8. 能否与家人亲近	
3. 坐		9. 懂得健康和生病	
4. 爬		10. 能简单回答社会性问题	
5. 跪		合计	
总分:			
功能状态总评:			

【注意事项】

评定前应与患儿或监护人沟通,让患儿或监护人明确评定的目的,以取得患儿或监护人的理解与合作。评定前还必须对患儿的基本情况有所了解,如活动和参与的能力、运动发育水平、是否佩戴矫形器等,还应考虑到患儿生活的社会环境、反应性、依赖性等。重复进行评定时应尽量在同一条件或环境下进行。在分析评定结果时应考虑有关的影响因素,如患儿的心理状态、合作程度与活动和参与能力限制等因素。

【讨论】

1. 儿童具备日常生活活动能力的基础是什么?
2. 对于不同年龄段的儿童,日常生活活动能力评定测试间隔时间是多久?

实验操作课记录表

实验名称	儿童日常生活活动能力评定			
学时数	4	小组成员		
目的	完成该实验后,学生应该能够: 1. 掌握儿童运动、自理、交流及家务活动能力发育规律 2. 掌握常用的日常生活活动能力评定量表评定方法 3. 掌握常用的日常生活活动能力评定量表评分标准			
要求	1. 在实际操作中要注意安全,遵守实验室管理规定和医学伦理道德 2. 爱护实验设备,保持环境整洁,如有实验设备破损请及时向老师汇报 3. 必须按照操作步骤进行 4. 要求每位同学在此次课程中积极参加讨论			
所需器材	序号	名称	数量	备注
	1	改良 Barthel 指数评定量表(MBI)		
	2	功能独立性评定(Wee-FIM)		
	3	能力低下儿童评定(PEDI)		
	4	儿童综合功能评定		
	5	日常生活用品:如衣服、勺子等		
	6	日常生活环境设施:如厕装置、室内模拟楼梯等		
	7	诊断床(PT 床)		
	8	稿纸		
实验操作记录	1. 改良 Barthel 指数评定量表(MBI) 2. 功能独立性评定(Wee-FIM) 3. 能力低下儿童评定(PEDI) 4. 儿童综合功能评定			

续表

讨论记录	1. 儿童具备日常生活活动能力的基础是什么？ 2. 对于不同年龄段的儿童,日常生活活动能力评定测试间隔时间是多久?
教师评语	

学生签名：　　　　　　　　　　　教师签名：

实训三　儿童语言功能评定

【学时】

4 学时

【目的】

完成该实验后,学生应该能够:

1. 掌握儿童语言发育规律。

2. 掌握常用儿童语言和言语评定量表的实际操作。

【课前准备】

1. 阅读《儿童康复学》第二章"儿童康复评定"第五节"儿童语言功能评定"相关内容。

2. 阅读本节实训指导相关内容。

3. 儿童语言发育规律。

4. 常用儿童语言和言语评定量表使用方法。

【器材】

1. 儿童语言发育迟缓评定(sign-significate relations,S-S 法)所需量表及工具

2. Peabody 图片词汇测试(Peabody picture vocabulary test,PPVT)量表

3. 汉语失语症检查法(aphasia battery of Chinese,ABC)量表

4. 韦氏幼儿智力量表第四版(Wechsler preschool and primary scale of intelligence-Ⅳ, WPPSI-Ⅳ)量表

5. 韦氏儿童智力量表第四版(Wechsler intelligence scale for children-Ⅳ,WISC-Ⅳ)量表

6. Gesell 发育诊断量表(Gesell development diagnosis scale,GDDS)

7. 改良 Frenchay 构音障碍检测法量表

8. 中国康复研究中心的言语失用评价表

9. $10 \sim 15m^2$ 的检查用房间

10. 儿童用言语治疗台

11. 椅子

12. 笔和稿纸

【步骤要求】

本次实验采用模拟患儿(可用布偶娃娃代替或同学之间模拟操作),4~6个同学为一小组进行实训操作。

一、语言功能评定

(一)儿童语言发育迟缓评定

儿童语言发育迟缓评定(S-S法)原则上适用于1岁半~6岁半、由各种原因引起的语言发育迟缓的儿童,亦可用于虽然实际年龄已超出此年龄段,但其语言发展现状不超出此年龄段水平的儿童。另外,也适用于获得性失语症的学龄前儿童。不适用于听力障碍儿童。检查内容包括符号形式与指示内容关系、基础性过程、交流态度三个方面,以符号形式-指示内容的关系评定为核心,比较标准分为5个阶段,见表3-1。

表3-1 符号形式与指示内容关系阶段

阶段	内容
第1阶段	对事物、事态未理解
第2阶段	事物的基础概念
2-1	功能性动作
2-2	匹配
2-3	选择
第3阶段	事物的符号
3-1	手势符号(相关符号)
3-2	语言符号
	幼儿语言(相关符号)
	成人语言(任意性符号)
第4阶段	词句,主要句子成分
4-1	两词语
4-2	三词语
第5阶段	词句,语法规则
5-1	语序
5-2	被动语态

S-S法检查用具包括实物7种、镶嵌板3个、操作性课题用品8种、各种图片55张。检查时,除语言能力较差的患儿应从头开始外,对于年龄较大或语言能力较高的患儿不必进行全部检查,操作时可按如下顺序进行:不可以用图片检查的患儿,用实物检查阶段1;可用图片检查者,在阶段3-2以上,用图片进行单词-词句检查;发育年龄>3岁、能进行日常会话者,进行阶段4至阶段5检查,以词句检查为主,见表3-2,表3-3。

将S-S法检查结果显示的阶段与实际年龄语言水平阶段进行比较,若低于相应阶段,可诊断为语言发育迟缓。

表3-2 符号形式-指示内容的关系及年龄阶段

年龄	1岁6个月~	2.0岁~	2岁6个月~	3岁6个月~	5~6岁6个月
阶段	3-2	4-1	4-2	5-1	5-2
	语言符号	主、谓+动、宾	主、谓、宾	语序规则	被动语态

表3-3 基础性过程检查结果(操作性课题)与年龄段对照表

年龄	镶嵌图形	积木	描画	投入小球及延续性
5岁以上			◇	
3岁6个月~4岁11个月			△、□	
3岁~3岁5个月	10种图形10/10+		+、○	
2岁~2岁5个月	10种图形7/10+	隧道		
1岁9个月~1岁11个月	6种图形3/6~4/6	排列	l、-	
1岁6个月~1岁11个月	3种图形3/3+	堆积		+
1~1岁5个月				部分儿童+

注:◇:菱形;△:三角形;□:正方形;+:交叉十字;○:圆形;l:竖线;-:横线

(二)其他语言功能评定

1. Peabody图片词汇测验(PPVT) 侧重于语言理解能力的测评。适用于3岁3月龄~9岁3月龄的儿童,尤其是一些表达困难的儿童。对儿童语言发育水平难以做出较全面系统的评价。

2. 儿童失语症评定 对于6岁以上儿童,特别是学习书面语阶段的儿童可利用成人失语症检查法的项目予以检测。常用汉语失语症检查法(ABC)。对于6岁以下,或者没有掌握书面语阶段的儿童可借助韦氏幼儿智力量表第四版(WPPSI-Ⅳ)、韦氏儿童智力量表第四版(WISC-Ⅳ)和Gesell发育诊断量表(GDDS)对其语言能力进行测试。

二、言语功能评定

(一)构音障碍评定

1. 主观评定 通过言语主观直觉评估和言语清晰度评估来分级。常见的有描述法、音标法、可理解度分析法,但随着临床标准化量表的出现,以上主观评定法目前已较少使用。

2. 标准化评定 改良Frenchay构音障碍检测法:以构音器官功能性评定为主、判断构音障碍严重程度的评价方法。此法采用等级评分法,分为a~e五个等级,量化功能受损程度。

(二)其他言语功能评定

1. 嗓音障碍评定 常用评价方法有主观感知评价和客观检查评价。

（1）主观感知评价是日本音声语言医学会1979年制定的GRBAS评价标准,包括5个描述参数:声音嘶哑总分度G、粗糙声R、气息声B、无力声A以及紧张声S。每个参数分为四个等级,正常、轻度、中度、重度,分别用0、1、2、3级表示。

（2）客观检查评价方法为嗓音声学分析,是利用仪器设备对嗓音样本声学特征进行定量检测和分析的方法。

2. 语言流畅性评定 口吃是一种常见的语言流畅性障碍,其评定方法包含主观评定和客观评定。主观评定是治疗师根据专业知识与经验从言语、运动、情绪等多方面进行评价。客观评定是治疗师利用仪器设备来进行评价,如:口吃音节比例、每分钟说话的口吃次数、计算机辅助下的语言流利度测评仪等。

3. 言语失用评定 常用中国康复研究中心的言语失用评价表。

【讨论】

1. 如何利用检查结果判定语言发育迟缓?
2. 对构音异常如何正确分辨和记录?

实验操作课记录表

实验名称	儿童语言功能评定			
学时数	4	小组成员		
目的	完成该实验后,学生应该能够: 1. 掌握儿童语言发育规律 2. 掌握常用儿童语言和言语评定量表的实际操作			
要求	1. 在操作课中注意安全,遵守实验室管理规定和医学伦理道德 2. 爱护实验设备,保持环境整洁,如有实验设备破损请及时向老师汇报 3. 必须按照操作步骤进行 4. 要求每位同学在此次课程中积极参加讨论			
所需器材	序号	名称	数量	备注
	1	儿童语言发育迟缓评定(S-S法)所需量表及工具		
	2	改良Frenchay构音障碍检测法量表		
	3	Peabody图片词汇测试(PPVT)量表		
	4	汉语失语症检查法(ABC)量表		
	5	中国康复研究中心的言语失用评价表		
	6	韦氏幼儿智力量表第四版(WPPSI-Ⅳ)量表		
	7	韦氏儿童智力量表第四版(WISC-Ⅳ)量表		
	8	Gesell发育诊断量表(GDDS)		
	9	10~15m² 的检查用房间		
	10	儿童用言语治疗台		
	11	椅子		
	12	笔和稿纸		

实验 操作 记录	一、语言功能评定 (一)儿童语言发育迟缓评定——儿童语言发育迟缓评定(S-S法) (二)其他语言功能评定 1. Peabody 图片词汇测验(PPVT) 侧重于语言理解能力的测评。 2. 儿童失语症评定 6 岁以上儿童,常用汉语失语症检查法(ABC)、中国康复研究中心的汉语标准失语症检查法。对于 6 岁以下,或者没有掌握书面语阶段的儿童,常用韦氏幼儿智力量表第四版(WPPSI-Ⅳ)、韦氏儿童智力量表第四版(WISC-Ⅳ)和 Gesell 发育诊断量表(GDDS)。 二、言语功能评定 (一)构音障碍评定 1. 主观评定 通过言语主观直觉评估和言语清晰度评估来分级。 2. 标准化评定 改良 Frenchay 构音障碍检测法。 (二)其他言语功能评定 1. 嗓音障碍评定 常用评价方法有主观感知评价和客观检查评价。 2. 语言流畅性评定 口吃是一种常见的语言流畅性障碍,其评定方法包含主观评定和客观评定。 3. 言语失用评定 常用中国康复研究中心的言语失用评价表。
讨论记录	1. 如何利用检查结果判定语言发育迟缓? 2. 对构音异常如何正确分辨和记录?
教师评语	

学生签名: 　　　　　　　　　　教师签名:

实训四　儿童心理评定

【学时】

4 学时

【目的】

完成该实验后,学生应该能够:

1. 掌握常用儿童发育筛查量表。
2. 掌握常用儿童心理评定量表。

【课前准备】

1. 阅读《儿童康复学》第二章"儿童康复评定"第六节"儿童心理评定"相关内容。
2. 阅读本节实训指导相关内容。
3. 儿童发育筛查量表使用方法。
4. 儿童心理评定量表使用方法。

【器材】

1. 丹佛发育筛查量表(Denver developmental screening test,DDST)
2. Gesell 发育诊断量表(Gesell development diagnosis scale,GDDS)
3. 孤独症行为检测量表(autism behavior checklist,ABC)
4. 贝利婴儿发育量表(Bayley scale of infant development Ⅱ,BSID)
5. 韦氏智力测验量表
6. PPVT 图片词汇测试(Peabody picture vocabulary test,PPVT)
7. 儿童孤独症评定量表(childhood autism rating scale,CARS)
8. 瑞文测试(Raven's standard progressive matrices,SPM)
9. 桌子和椅子
10. 摄像机或录音笔
11. 笔和稿纸

【步骤要求】

本次实验 4~6 名同学为一组轮流作为测试者和被测者,进行实训操作。

一、婴幼儿发育量表

（一）丹佛发育筛查量表（DDST）

适用于0~6岁小儿智力发育问题的早期筛查以及对高危儿童的发育监测。

（二）Gesell发育诊断量表（GDDS）

检查内容分为适应性行为、大运动、精细动作、语言、个人-社交行为五方面。以发育商（DQ）来评估发育水平。如果DQ低于85，要慎重分析原因。

（三）贝利婴儿发育量表（BSID）

评估2月龄~2.5岁小儿智力发育水平，确定小儿智力发育偏离正常水平的程度。量表由3部分组成。①心理量表163项：测查感知觉准确性、言语功能、记忆和简单解决问题的能力，如对铃声的反应、用言语表达要求、用棍子够取玩具等；②运动量表81项：测查粗大和精细运动能力，如行走拾物等；③婴幼儿行为记录24项：观察记录小儿在测查过程中表现出的社会化、协作性、胆怯、紧张和注意等行为。结果与评分：每个条目分通过与未通过2级评分。将各量表的条目通过数累加，分别得出运动量表粗分及精神发育量表粗分，查表得总量表分。该量表评估婴幼儿智力发育水平相对较全面、精确，但方法较复杂，需时45~60分钟，需要专业培训。

二、智力测定

（一）韦氏智力测验

共包括三套量表，即韦氏成人智力量表（Wechsler adult intelligence scale，WAIS），适用于16岁以上成人；韦氏儿童智力量表第四版（WISC-Ⅳ），适用于6~16岁；韦氏幼儿智力量表第四版（WPPIS-Ⅳ），适用于3.5~6.5岁儿童。各量表间相互独立，又相互衔接，可连续评定3岁幼儿~70岁老人的智力水平。

WISC包括6个言语分测验，即常识、类同、算术、词汇、理解、背数；6个操作分测验，即图画补缺、图片排列、积木图案、物体拼配、译码、迷津。其中的背数和迷津是备用测验，当某个分测验由于某种原因不能施测时，可以用之替代。施测时，言语分测验和操作分测验交替进行，以维持被试的兴趣，避免疲劳和厌倦。整个测验需50~70分钟。结果以离差智商（intelligence quotient，IQ）表示。可得到语言IQ、操作IQ与总IQ。操作部分对于那些对口头指示理解困难的幼儿难实施，分测验中的3项要求对幼儿进行相当的言语提示和解释，另外3项要求模仿性应答。对于言语和语言障碍儿童及孤独症谱系障碍儿童不建议使用。

目前已有最新的第四版中文版（WISC-Ⅳ），修订内容包括常模的取样及题目的本土化。WISC-Ⅳ由14个分测验组成，包括保留的10个分测验和4个新增的分测验。新增的分测验是图画概念、字母-数字排序、矩阵推理和划消。言语智商、操作智商、抗干扰指数分别被言语理解指数、知觉推理指数、工作记忆指数、加工速度指数所代替。测量结果为：总智商+言语理解指数、知觉推理指数、工作记忆指数、加工速度指数内容。

WISC-Ⅳ的结构更完善、操作更简便、测评更精确，体现和代表当代儿童智力测评领域最新和最高发展水平。

（二）PPVT 图片词汇测试（PPVT）

该量表用于评定 3 岁 3 月龄~9 岁 3 月龄的儿童词汇能力,可预测智力水平。属于一般智力筛查,需时 15 分钟左右。因其不用操作和语言,故适用于某些特殊情况,如脑损伤伴运动障碍、言语障碍和胆小、注意力易分散的儿童。但此测验结果并不全面反映智力水平,主要侧重言语智力。

（三）瑞文测试（SPM）

SPM 是一种非文字智力测验。测量人的观察力和清晰严密的思维能力。包括:①标准型,是瑞文测验的基本型,适用于 8 年级到成人被试,有 5 个黑白系列;②彩色型,适用于 5 岁半~11 岁的儿童及智力落后的成人,分为三个系列;③高级型,供智力较高者使用。可为团体和个别测验,以百分位常模表示。目前常用的是彩色型和联合标准型,该测验全是由无意义的抽象图形所构成,计 60 题,分 5 个单位。每题一页,上半部分是一个矩阵,其中右下角缺失一块,下半部分是 6 或 8 个截片图形,要求被试从 6~8 块截片中选择一块,使其补在缺失处,正好符合矩阵的整体结构。每题一分。5 组题难度逐步增加,每组题也是由易到难。实际完成作业时,解决各组问题都由各种能力的协同作用,难截然分开。且完成前面的题对解决后面的题有帮助,有学习效应。本测验侧重于测量儿童少年的抽象推理能力和类比能力。

三、孤独症谱系障碍评定量表

（一）儿童孤独症评定量表（CARS）

适用于儿童、少年和成人孤独症谱系障碍的辅助诊断。由人际关系、模仿、情感反应、躯体活动、对玩具等物品的使用、对环境变化的适应、视觉反应、听觉反应、触觉、嗅觉、味觉、焦虑反应、语言交流、非语言交流、活动水平、智力水平及总体印象等 15 个项目组成。分为轻、中、重 3 个等级,界限分为 30 分,总分低于 30 分为非孤独症;30~35 分且高于 3 分的项目少于 5 项,为轻、中度孤独症;总分大于 35 分且至少有 5 项得分高于 3 分,为重度孤独症。

（二）孤独症行为检测量表（ABC）

本量表由家长或抚养人使用,适用于 18 月龄以上儿童孤独症的筛查。列出孤独症儿童的行为症状表现 57 项,每项选择是与否的回答,对"是"回答,按各项负荷分别给予 1、2、3、4 的评分。分为感觉能力、交往能力、运动能力、语言能力、自我照顾能力等 5 个功能区。将各项得分相加即为量表总分,总分<53 分,孤独症可能性小;总分≥67 分,孤独症高度可能。

【讨论】

1. 若在评定中儿童不能配合该如何处理?
2. 心理评定的原则有哪些?

实验操作课记录表

实验名称	儿童心理评定	
学时数	4	小组成员
目的	完成该实验后,学生应该能够: 1. 掌握常用儿童发育筛查量表 2. 掌握常用儿童心理评定量表	

要求	1. 在操作课中注意安全,遵守实验室管理规定和医学伦理道德 2. 爱护实验设备,保持环境整洁,如有实验设备破损请及时向老师汇报 3. 必须按照操作步骤进行 4. 要求每位同学在此次课程中积极参加讨论			

	序号	名称	数量	备注
所需器材	1	丹佛发育筛查量表(DDST)		
	2	Gesell 发育诊断量表(GDDS)		
	3	贝利婴儿发育量表(BSID)		
	4	韦氏智力测验量表		
	5	PPVT 图片词汇测试(PPVT)		
	6	瑞文测试(SPM)		
	7	儿童孤独症评定量表(CARS)		
	8	孤独症行为检测量表(ABC)		
	9	桌子和椅子		
	10	录音笔和(或)摄像机		
	11	笔和稿纸		

实验 操作 记录	一、婴幼儿发育量表 (一)丹佛发育筛查量表(DDST) 适用于0~6岁小儿智力发育问题的早期筛查以及对高危儿童的发育监测。 (二)Gesell 发育诊断量表(GDDS) 检查内容分为适应性行为、大运动、精细动作、语言、个人-社交行为五方面。 (三)贝利婴儿发育量表(BSID) 评估2月龄~2.5岁小儿智力发育水平,确定小儿智力发育偏离正常水平的程度。 二、智力测定 (一)韦氏智力测验 共包括三套量表,即韦氏成人智力量表(Wechsler adult intelligence scale,WAIS),适用于16岁以上成人;韦氏儿童智力量表第四版(WISC-Ⅳ),适用于6~16岁;韦氏幼儿智力量表第四版(WPPIS-Ⅳ),适用于3.5~6.5岁儿童。 (二)PPVT 图片词汇测试(PPVT) 该量表用于评定3岁3月龄~9岁3月龄的儿童词汇能力,可预测智力水平。属于一般智力筛查,需时15分钟左右。 (三)瑞文测试(SPM) 是一种非文字智力测验。测量人的观察力和清晰严密的思维能力。包括:①标准型;②彩色型;③高级型,供智力较高者使用。 三、孤独症谱系障碍评定量表 (一)儿童孤独症评定量表(CARS) 适用于儿童、少年和成人孤独症谱系障碍的辅助诊断。 (二)孤独症行为检测量表(ABC) 本量表由家长或抚养人使用,适用于18月龄以上儿童孤独症的筛查。

讨论记录	1. 若在评定中儿童不能配合该如何处理？ 2. 心理评定的原则有哪些？
教师评语	

学生签名：　　　　　　　　　　　教师签名：

实训五　物理治疗

【学时】

4 学时

【目的】

完成该实验后,学生应该能够:

1. 掌握儿童粗大运动的发育规律。

2. 掌握常用物理因子疗法的原理、适应证和禁忌证。

3. 掌握各种运动疗法的治疗方法。

【课前准备】

1. 阅读《儿童康复学》第三章"儿童康复治疗技术"第一节"物理治疗"相关内容。

2. 阅读本节实训指导相关内容。

3. 儿童粗大运动发育规律。

4. 物理因子疗法分类。

5. 主要运动疗法技术。

【器材】

1. 相关音频视频资料

2. 相关物理因子治疗设备

3. 训练用具(Bobath 球、平衡板、三角垫等)

4. PT 床

【步骤要求】

本次实验采用同学之间模拟操作,2~4 名同学为一小组轮流作为操作者和受试者。

1. 通过观看相关音频视频资料及老师演示,实际操作相关物理因子治疗设备。

2. 通过观看相关音频视频资料及老师演示,在小组中轮流进行相关运动疗法常用技术练习。

3. 根据评定结果,设定预期目标,制订治疗方案,实施治疗方案。

【讨论】

1. 小儿脑性瘫痪的运动疗法主要从哪几个方面着手进行训练？
2. 如何提高认知障碍儿童在治疗过程中的主动参与意识？

实验操作课记录表

实验名称	物理治疗			
学时数	4	小组成员		
目的	完成该实验后，学生应该能够： 1. 掌握儿童粗大运动的发育规律 2. 掌握常用物理因子疗法的原理、适应证和禁忌证 3. 掌握各种运动疗法的治疗方法			
要求	1. 在操作课中注意安全，遵守实验室管理规定和医学伦理道德 2. 爱护实验设备，保持环境整洁，如有实验设备破损请及时向老师汇报 3. 必须按照操作步骤进行 4. 要求每位同学在此次课程中积极参加讨论			

	序号	名称	数量	备注
所需器材	1	相关音频视频资料		
	2	相关物理因子治疗设备		
	3	相关运动疗法设备（悬吊系统等）		
	4	训练用具（Bobath球、平衡板、三角垫等）		
	5	PT床		

一、常用的物理因子疗法

物理因子疗法	分类	治疗作用	适应证	禁忌证
电疗				
水疗				
超声波疗法				
生物反馈疗法				
光疗				
传导热疗法				
冷疗				

二、运动疗法常用治疗技术

	分类	基本技术与方法
生物力学疗法	渐增阻力技术	
	关节活动技术	
	关节松动技术	
	软组织牵伸技术	

续表

		分类	基本技术与方法
实验操作记录	生物力学疗法	协调性训练	
		平衡训练	
		减重步态训练	
		核心稳定性训练	
	神经生理学疗法	Bobath 疗法	
		Rood 技术	
		本体感觉性神经肌肉易化技术(proprioceptive neuromuscular facilitation,PNF)	
		Brunnstrom 技术	
		Vojta 疗法	
		运动再学习(motor relearning,MR)	
		悬吊训练治疗(sling exercise therapy,SET)	
		任务导向性训练(task-oriented training,TOT)	
		心肺功能训练	
讨论记录	1. 小儿脑性瘫痪的运动疗法主要从哪几个方面着手进行训练? 2. 如何提高认知障碍儿童在治疗过程中的主动参与意识?		
教师评语			

学生签名：　　　　　　　　　　　　教师签名：

实训六　作业治疗

【学时】

4 学时

【目的】

完成该实验后,学生应该能够:

1. 掌握常用的作业治疗方法。
2. 掌握不同类型的患儿适合的治疗方法。

【课前准备】

1. 阅读《儿童康复学》第三章"儿童康复治疗技术"第二节"作业治疗"相关内容。
2. 阅读本节实训指导相关内容。
3. 儿童精细运动的发育规律。
4. 精细运动的常用评定量表。
5. 常用作业疗法适应证。

【材料】

1. 坐姿矫正椅
2. 日常生活用品(衣服、勺子、梳子等)
3. 训练工具(串珠、橡皮泥、小木钉等)

【步骤要求】

本次实验采用同学之间模拟操作,2~4 名同学为一小组轮流作为操作者和受试者。

1. 根据评定结果,设定预期目标　目标一般分为短期、长期和最终目标。

2. 制订治疗方案　作业治疗以患儿为核心,根据患儿的个体情况,并结合患儿的发育水平、兴趣和爱好等因素综合考虑,选择适合患儿个体的作业治疗方案。

3. 实施治疗　根据处方或确定的治疗程序表,与各专科治疗师密切联系,按照总的治疗方针,并运用专业技术进行治疗。

【注意事项】

1. 作业治疗内容的选择应因人而异。

2. 作业治疗方法的选择应因地制宜。

3. 提高患儿的主动参与意识。

4. 制订适宜的、循序渐进的作业治疗方案。

5. 作业治疗过程应加强保护，防止意外。

6. 作业治疗过程中要定期评估。

7. 治疗与教育结合。

8. 以游戏为手段。

9. 鼓励家属参与。

10. 康复辅助器具的设计应符合儿童发育的特点。

【讨论】

1. 不同临床表现的儿童分别适合什么作业治疗方法？

2. 如何提高认知障碍儿童在治疗过程中的主动参与意识？

实验操作课记录表

实验名称	作业治疗				
学时数	4		小组成员		
目的	完成该实验后，学生应该能够： 1. 掌握儿童精细运动的发育规律 2. 掌握常用的作业治疗方法 3. 掌握不同类型的患儿适合的治疗方法				
要求	1. 在实际操作中要注意安全，遵守实验室管理规定和医学伦理道德 2. 爱护实验设备，保持环境整洁，如有实验设备破损请及时向老师汇报 3. 必须按照操作步骤进行 4. 要求每位同学在此次课程中积极参加讨论				
所需器材	序号	名称		数量	备注
	1	坐姿矫正椅			
	2	日常生活用品(衣服、勺子、梳子等)			
	3	训练工具(串珠、橡皮泥、小木钉、平衡触觉板、按摩球等)			
实验操作记录	常用作业疗法		基本技术与方法		
	日常生活活动能力的训练				
	治疗性作业活动				
	感觉统合治疗				
	手的作业治疗				
	认知能力的作业治疗				

讨论记录	1. 不同类型的患儿分别适合什么作业治疗方法？ 2. 如何提高认知障碍儿童在治疗过程中的主动参与意识？
教师评语	

学生签名：　　　　　　　　　　　　教师签名：

实训七　语言治疗

【学时】

4学时

【目的】

完成该实验后,学生应该能够:

1. 掌握儿童语言发育规律。
2. 掌握常见的语言治疗方法。
3. 掌握不同类型的语言障碍儿童所适合的治疗方法。

【课前准备】

1. 阅读《儿童康复学》第三章"儿童康复治疗技术"第三节"语言治疗"相关内容。
2. 阅读本节实训指导相关内容。
3. 儿童语言发育规律。
4. 语言障碍的临床表现。

【器材】

1. 益智玩具(积木、小动物、彩色小球、镶嵌板等)
2. 训练用具(哨子、冰块、发音口型矫正镜、蜡烛、节拍器、压舌板、训练图片等)
3. 高度适宜的训练桌椅

【步骤方法】

本次实验采用同学之间模拟操作,2~4名同学为一小组轮流作为操作者和受试者。

根据儿童的年龄、障碍性质、治疗史、家庭及学校环境情况,设定治疗目标。治疗目标设定的策略可有以下方向:消除障碍的原因,如佩戴适宜听辅具;以补偿策略改进沟通功能;改善儿童的说话、语言及语用行为,促进其沟通交流能力。治疗形式可采取自主训练、家庭训练、小组训练等形式。

【注意事项】

治疗以早期开始、及时评定、循序渐进、及时给予反馈、要求患儿主动参与为原则。训练时,治疗师要注意取得患儿的配合,并选择其感兴趣的环境、工具及内容进行训练。注意训练中的口腔卫生、训练工具的消毒。

【讨论】

1. 哪些因素会影响儿童语言的发育?
2. 如何提高处于 S-S 第 1 阶段的儿童在训练过程中的配合度?
3. 如何合理应用强化物?

实验操作课记录表

实验名称	语言治疗			
学时数	4	小组成员		
目的	完成该实验后,学生应该能够: 1. 掌握儿童语言发育规律 2. 掌握常见的语言治疗方法 3. 掌握不同类型的语言障碍儿童所适合的治疗方法			
要求	1. 在实际操作中要注意安全,遵守实验室管理规定和医学伦理道德 2. 爱护实验设备,保持环境整洁,如有实验设备破损请及时向老师汇报 3. 必须按照操作步骤进行 4. 要求每位同学在此次课程中积极参加讨论			
所需器材	序号	名称	数量	备注
	1	益智玩具(积木、小动物、彩色小球、镶嵌板等)		
	2	训练用具(哨子、冰块、发音口型矫正镜、蜡烛、节拍器、压舌板、训练图片等)		
	3	高度适宜的训练桌椅		
实验 操作 记录	常用言语治疗技术		基本技术与方法	
	听障所致语言障碍治疗			
	儿童语言发育迟缓治疗			
	儿童语用障碍治疗			
	儿童失语症治疗			
	构音障碍治疗			
	语言流畅性治疗			

讨论记录	1. 哪些因素会影响儿童语言的发育？ 2. 如何提高处于 S-S 第 1 阶段的儿童在训练过程中的配合度？ 3. 如何合理应用强化物？
教师评语	

学生签名：　　　　　　　　　　　　　　教师签名：

实训八 高危儿早期干预与康复 （0～1 岁）

【学时】

4 学时

【目的】

完成该实验后，学生应该能够：

1. 熟练掌握婴儿的体格和智能发育规律。

2. 制订每位婴儿早期干预目标。

3. 协调医护及家庭对婴儿的综合干预及护理。

4. 熟练运用运动功能训练方法，包括婴儿抚触、婴儿被动操、推拿按摩法以及各种物理疗法等治疗方法。

【课前要求】

1. 阅读《儿童康复学》第四章"高危儿早期干预与康复（0～1 岁）"相关内容。

2. 阅读本节实训指导相关内容。

3. 婴儿体格和智能发育规律。

【器材】

1. 高危儿相关影音资料

2. 0～1 岁神经运动 20 项检查

3. Peabody 运动发育量表（PDMS-2）

4. 丹佛发育筛选测试（Denver developmental screening test，DDST）

5. 贝利婴儿发育量表（Bayley scale of infant development，BSID）

6. PT 床

7. 笔和稿纸

【步骤要求】

集体观看高危儿相关影音资料，4～6 名同学一组进行实训操作。

1. **根据评定结果，设定预期目标** 目标一般分为短期、长期和最终目标。

2. **制订治疗方案** 结合患儿发育水平制订相应治疗方案。

3. **实施治疗** 根据处方或确定的治疗程序表,按照总的治疗方针,并运用专业技术进行治疗。

【讨论】

1. 高危儿的危险因素有哪些?
2. 引发脑损伤的原因有哪些,其临床特点是什么?
3. 高危儿评定时间间隔多久?

实验操作课记录表

实验名称	高危儿早期干预与康复			
学时数	4	小组成员		
目的	完成该实验后,学生应该能够: 1. 熟练掌握婴儿的体格和智能发育规律 2. 制订每位婴儿早期干预目标 3. 协调医护及家庭对婴儿的综合干预及护理 4. 熟练运用运动功能训练方法,包括婴儿抚触、婴儿被动操、推拿按摩法以及各种物理疗法等治疗方法			
要求	1. 在操作课中注意安全,遵守实验室管理规定和医学伦理道德 2. 爱护实验设备,保持环境整洁,如有实验设备破损请及时向老师汇报 3. 必须按照操作步骤进行 4. 要求每位同学在此次课程中积极参加讨论			
所需器材	序号	名称	数量	备注
	1	高危儿相关影音资料		
	2	0~1岁神经运动20项检查		
	3	Peabody运动发育量表(PDMS-2)		
	4	丹佛发育筛选测试(DDST)		
	5	贝利婴儿发育量表(Bayley scale of infant development,BSID)		
	6	PT床		
	7	笔和稿纸		

实验 操作 记录	根据老师给出相关案例进行模拟评定,并制订治疗目标及治疗方案: 1. 根据儿童发育水平进行评定: 2. 评定结果: 3. 治疗目标: 4. 治疗方案: 5. 实施治疗:根据处方或确定的治疗程序表,并运用专业技术进行治疗。
讨论记录	1. 高危儿的危险因素有哪些? 2. 引发脑损伤的原因有哪些,其临床特点是什么? 3. 高危儿评定时间间隔多久?
教师评语	

学生签名:　　　　　　　　　　　　　教师签名:

实训九　注意缺陷多动障碍

【学时】

4 学时

【目的】

完成该实验后,学生应该能够:

1. 掌握注意缺陷多动障碍儿童的康复评定。

2. 掌握注意缺陷多动障碍的非药物治疗方法。

【课前准备】

1. 阅读《儿童康复学》第五章"神经发育障碍性疾病的康复"第六节"注意缺陷多动障碍"相关内容。

2. 阅读本节实训指导相关内容。

3. 儿童神经发育规律。

【器材】

1. 注意缺陷多动障碍儿童相关影音资料

2. 学生学习障碍筛查量表(the pupil rating scale revised screening for learning disabilities,PRS)

3. 持续性操作任务(continuous performance task,CPT)量表

4. Achenbach 儿童行为量表(child behavior checklist,CBCL)

5. 儿童感觉统合能力发展评定量表

6. PT 床

7. 稿纸

【步骤要求】

集体观看高危儿相关影音资料,4~6 名同学一组进行实训操作。

1. **根据评定结果,设定预期目标**　目标一般分为短期、长期和最终目标。

2. **制订治疗方案**　结合儿童神经发育水平。

3. 实施治疗 根据处方或确定的治疗程序表,按照总的治疗方针,并运用专业技术(行为矫正疗法、认知行为训练、感觉统合训练、对父母和老师的培训、运动疗法)进行治疗。

【注意事项】

1. 在操作过程中注意安全。
2. 根据儿童临床表现进行评定。
3. 结合评定结果制订个性化的治疗目标及治疗方案。

【讨论】

1. 如何提升注意缺陷多动障碍儿童的注意力?
2. 对不同年龄段的儿童怎样进行合理治疗?

实验操作课记录表

实验名称	注意缺陷多动障碍			
学时数	4	小组成员		
目的	完成该实验后,学生应该能够: 1. 掌握儿童神经发育规律 2. 掌握注意缺陷多动障碍儿童的临床症状与诊断 3. 掌握注意缺陷多动障碍儿童的康复评定 4. 掌握注意缺陷多动障碍的非药物治疗方法			
要求	1. 在操作课中注意安全,遵守实验室管理规定和医学伦理道德 2. 爱护实验设备,保持环境整洁,如有实验设备破损请及时向老师汇报 3. 必须按照操作步骤进行 4. 要求每位同学在此次课程中积极参加讨论			
所需器材	序号	名称	数量	备注
	1	注意缺陷多动障碍儿童相关影音资料		
	2	学生学习障碍筛查量表(PRS)		
	3	持续性操作任务(CPT)量表		
	4	Achenbach儿童行为量表(CBCL)		
	5	儿童感觉统合能力发展评定量表		
	6	PT床		
	7	稿纸		

实验 操作 记录	1. 根据相关量表进行评定结果： 2. 根据评定结果，设定预期目标 短期目标： 长期目标： 3. 治疗方案： 4. 实施治疗：根据处方或确定的治疗程序表，并运用专业技术进行治疗。
讨论记录	1. 如何提升注意缺陷多动障碍儿童的注意力？ 2. 对不同年龄段的儿童怎样进行合理治疗？
教师评语	

学生签名：　　　　　　　　　　　教师签名：

实训十　智力发育障碍

【学时】

4 学时

【目的】

完成该实验后,学生应该能够:

1. 掌握智力发育障碍的临床特点。

2. 掌握智力发育障碍儿童的康复评定方法。

3. 掌握智力发育障碍儿童的康复治疗方法。

【课前准备】

1. 阅读《儿童康复学》第五章"神经发育障碍性疾病的康复"第七节"智力发育障碍"相关内容。

2. 阅读本节实训指导内容。

【器材】

1. 智力障碍相关影音资料

2. 韦克斯勒智力量表

3. 儿童适应性行为评定量表

4. 言语-语言障碍检查法

5. 相关治疗用具

6. PT 床

7. 笔和稿纸

【步骤要求】

观看智力障碍相关影音资料。学生 2 人一组,进行角色扮演,进行康复评定,制订康复治疗计划和康复治疗方案。

一、康 复 评 定

智力障碍主要表现为智力功能和适应性行为两方面的障碍,因此,智能测试和适应行为测试应为智力障碍的主要评定内容。

（一）智能测试

社会心理测试种类较多，从测试目的来看，可以分为筛查性测试、诊断性测试两大类，Gesell 发育诊断量表和韦克斯勒智力量表是我国最常使用的诊断性智能测试量表。

韦克斯勒智力量表中用于儿童的量表有：韦克斯勒学龄前及幼儿智力量表（Wechsler preschool and primary scale of intelligence，WPPSI），适用于 4.5~6 岁的儿童；韦克斯勒学龄儿童智力量表（revised Wechsler intelligence scale for children，WISC-R），适用于 6~16 岁的儿童。这些量表均已在我国完成了标准化工作。通过测试获得语言和操作分测验智商和总智商，智商的均数定为 100，标准差为 15，智力障碍是指总智商均值减少 2 个标准差，即 70 以下。

（二）适应性行为量表

儿童适应性行为评定量表由湖南医科大学编制，分城市和农村两个版本，包括感觉运动、生活自理、语言发展、个人取向、社会责任、时空定向、劳动技能和经济活动等 8 个分量表，共 59 个项目，适用于 3~12 岁小儿。量表作用：评定儿童适应性行为发展水平；诊断或筛查智力低下儿童；帮助制订智力低下儿童教育和训练计划。评分与分级标准见表 10-1。

表 10-1 儿童适应性行为评分与分级

ADQ	≥130	115~129	114~85	84~70	69~55	54~40	39~25	≤25
分级	极强	强	平常	边界	轻度缺损	中度缺陷	重度缺陷	极度缺陷
人数（%）	2.27	13.59	68.26	13.59	2.14	0.13	0.02	<0.001

（三）智力障碍儿童较常见的语言障碍类型

1. **语言发育迟缓** 即其语言的接受和表达均较实际年龄迟缓。在学习过程中，语言的理解迟缓，导致语言的表达也迟缓。另外，模仿语言等言语状态也可能存在迟缓。

2. **发音器官功能障碍** 包括呼吸、发音异常以及构音器官运动障碍。

3. **语言环境影响** 语言学习早期，被剥夺或脱离语言环境。

目前，我国较常用于儿童的言语-语言障碍检查法包括：构音障碍检查法、语言发育迟缓检查法。

二、制订康复治疗计划

1. 近期目标
2. 远期目标

三、康复治疗方案

智力障碍在完善相关评估的基础上，开展全面的康复训练。总的训练原则：早期筛查、早期诊断、早期干预、早期康复；全面评估，全面康复；个体化治疗；家庭、学校、社会共同参与，共同支持。

（一）物理治疗

相对于智力而言，智力障碍儿童的运动系统发育较好。但智力障碍儿童在发育早期主要表现为大运动发育较同龄儿有不同程度的落后,同时其保护性伸展反应、平衡反应、运动协调性等也常常落后于同龄儿童。因此,物理疗法也是必要的,尤其是在发育早期。评估智力障碍儿童的大运动发育水平及运动障碍,进行针对性的训练,从而改善其运动发育落后状况。

(二)作业治疗

训练的主要目的在于提高智力障碍儿童的精细动作、操作的灵巧性以及生活自理能力。通过日常生活动作的训练,如进食、更衣、书写等,提高其生活自理能力,从而提高其适应能力。

(三)言语治疗

言语康复治疗是建立在系统的语言能力评估基础之上的。根据诊断结果和所确定的语言功能异常类别,确定康复目标,选择合适的康复内容和康复手段进行干预,并及时监控康复训练的效果。针对特殊儿童,包括智力障碍儿童言语康复的5个阶段。

1. 前语言能力训练 前语言时期指智力障碍儿童能说出第一个有意义的单词之前的那段时期。此阶段语言康复的目的是帮助其积累充分的语音表象以及发展学习语言所必需的一般能力。

康复的内容包括:诱导儿童产生无意识交流;训练其通过不同音调、音强和音长的哭叫声或眼神向外界表达他们的生理需要和情感;培养听觉敏锐度,使其对语音敏感,关注主要照顾者的言语声,能辨别一些语调、语气和音色的变化;引导发出一些单音节,逐渐发出连续的音节;培养交际倾向,对成人的声音刺激能给予动作反馈,初步习得一些最基本的交际规则;能理解一些表达具体概念的词。

在这一阶段,儿童可能达到的语言或与语言相关的一般认知目标或参考认知目标:发展视觉和听觉注意能力,包括对词语的注意;发展对语音的感知能力,对知觉信号的理解能力;提高语音识别能力和发音水平;发展有意识交流能力以及对因果关系的感知。

2. 词语的理解与表达能力训练 此阶段训练的主要目的是将其所了解的以及想要表达的内容转化成简单的语言符号(词语),并用言语的方式表达出来。同时,通过词汇训练帮助其扩大词汇量,学习多种类别的词语,加深对常用词汇的词义理解。

康复的主要内容:学习常见名词(如有关称谓、人体部位、食物、衣物、餐具、洗漱用品、玩具、常见动物、交通工具等名词)和常见动词(如有关肢体动作、常见活动的动词)。训练时,康复治疗师应充分考虑儿童的需求、兴趣及能力水平,选择适当词汇,反复给予刺激;引导儿童理解简单语言,激发其表达语言的兴趣,鼓励其多用口语形式来回答问题。

在这一阶段,儿童可能达到的语言或与语言相关的一般认知目标或参考认知目标:发展语言理解能力,能在一些语音和实体之间建立联系;发展核心词汇,继续扩充词汇量,并增加词语的种类;能够表达简单的单、双音节词语,并结合手势和环境来交流;增加对各种符号的理解。

3. 词组的理解与表达能力训练 此阶段语言康复的主要内容:在掌握一定数量常见词语的基础上,学习一些简单的词组形式,包括动宾词组、主谓词组、偏正词组、并列词组、介宾词组五类;对所学词组进行表达训练;对一些难学词语进行拓展训练;让基础较好的儿童进一步学习较难的词组结构。

该康复训练的目标是让儿童掌握一些生活中的常见词组,初步认识词组成分间的语义关系,能够用两个或两个以上的词顺畅地与人交流(包括口语与非口语交流形式)。

在这一阶段儿童可能达到的语言或与语言相关的一般认知目标或参考认知目标:继续扩充词汇量,并增加词语的种类;语音逐渐稳定,能发出大部分母语的语音;学习基本的语法结构,如并列关系和主谓关系等,逐步发展常见的句法结构;学习简单的语义关系;提高语言的探索能力。

4. 句子的理解与表达能力训练 此阶段康复的主要目的是:通过对儿童进行日常语言中的常见句式和常见语句的康复训练,帮助他们在一定程度上理解语义之间的关系,进一步熟悉汉语的语法结构,如基本句式和常见句型的语法结构等,让其习得一定的句子表达模式,提高语言理解和表达能力。

此阶段的主要康复内容:学习主语、谓语和宾语的基本句式;学习较难词组形式;学习把字句、被字句、是字句、比较句、给字句、方所句和主谓谓语句等常用句式;进行句式练习和句子成分的替代训练;对决定句子结构的某些抽象词(如被、把、是、给和比等)进行拓展训练;对所学句式进行表达训练。

在这一阶段,儿童可能达到的语言或与语言相关的一般认知目标或参考认知目标:掌握基本句式结构和常见句型;发展超过"这里和现在"事件的理解能力;能理解部分抽象词语;发展儿童之间自发模仿和相互交谈的行为;能在生活和游戏中使用语言;能使用简单和复杂的句子结构,能扩展符合基本语法规则的句子。

5. 短文的理解与表达能力训练 此阶段的主要目标是通过这些训练,将先前所学的词语、词组和句子综合地运用,不断加深和巩固对词义和语法结构的认识,在此基础上,提升儿童的语用能力,教导儿童如何表示问候、如何提要求、如何描述事件等。

该阶段的主要康复内容:学习有两个或两个以上从句的较复杂句子;学习用正确的方式实现句子之间的过渡;学习用两个或多个句子连贯地表述事件或传达意图;学习用一个或多个句群较连贯和完整地表达自己的意图。

在这一阶段,儿童可能达到的语言或与语言相关的一般认知目标或参考认知目标:掌握大部分的语法知识;增加复杂语法结构的理解和使用能力;有限地理解词语之间的抽象关系,有较丰富的语义知识;在语法结构和语义知识的基础上建立语言体系;发展阅读和书写技能;能知道如何用语言表达问候、提要求、描述事件等。

(四)感觉统合训练

感觉统合训练是指基于儿童的神经发育需要,引导对感觉刺激做适当反应的训练,训练内容包含前庭(包括重力与运动)、本体感觉(包括肌肉与感觉)及触觉等多感官刺激的全身运动,其目的不在于增强运动技能,而是改善中枢神经系统处理及组织感觉刺激的能力。在训练中同时给予儿童前庭、肌肉、关节、皮肤触摸、视、听、嗅等多种刺激,并将这些刺激与运动相结合。

(五)特殊教育

特殊教育是智力障碍儿童的主要康复训练手段,由教师、家长、治疗师等共同参与及实施。根据智力障碍儿童病情严重程度的不同,按照正常儿童的发育有目的、有计划、有步骤地开展针对性的教育,重点在于将日常生活情境融入其中。教育的最终目的是提高智力障碍儿童生活自理能力的水平,尽可能减轻其参与学校、参与社会的受限程度。

1. 轻度智力障碍儿童 可以在特殊学校接受教育,也可以在普通学校随班就读。循序渐进地训练其日常生活技能、基本劳动能力、回避危险和处理紧急事件的能力。训练目标:日常生活基本自理,成年后回归正常人的生活。

2. 中度智力障碍儿童 部分可以在特殊学校接受教育。训练重点：生活自理能力和部分社会适应能力。训练目标：掌握简单的卫生习惯和基本生活能力，可以表达基本需求和愿望。

3. 重度智力障碍儿童 主要是训练其基本生活能力，尽可能减少陪护人员的工作。

4. 极重度智力障碍儿童 几乎无法接受相关训练。

【注意事项】

1. 在评定和治疗过程中注意安全。
2. 根据评定结果制订治疗目标和治疗方案。
3. 注意做好宣教。

【讨论】

1. 智力发育障碍的病因有哪些？
2. 根据临床表现对智力障碍的分度与美国 DSM-5 对智力障碍的分度之间的异同点有哪些？

实验操作课记录表

实验名称	智力发育障碍			
学时数	4	小组成员		
目的	完成该实验后,学生应该能够: 1. 掌握智力发育障碍的临床特点 2. 掌握智力发育障碍儿童的康复评定方法 3. 掌握智力发育障碍儿童的康复治疗方法			
要求	1. 在操作课中注意安全,遵守实验室管理规定和医学伦理道德 2. 爱护实验设备,保持环境整洁,如有实验设备破损请及时向老师汇报 3. 必须按照操作步骤进行 4. 要求每位同学在此次课程中积极参加讨论			
所需器材	序号	名称	数量	备注
	1	智力障碍相关影音资料		
	2	儿童适应性行为评定量表		
	3	韦克斯勒智力量表		
	4	言语-语言障碍检查法		
	5	相关康复治疗用具		
	6	诊断床(PT床)		
	7	标记笔和稿纸		

续表

实验 操作 记录	认真观看智力发育障碍相关影音资料。 根据老师给出的案例进行模拟评定,并制订治疗目标及治疗方案。 1. 根据儿童功能水平进行评定: 2. 评定结果: 3. 治疗目标: 4. 治疗方案: 5. 实施治疗:根据处方或确定的治疗程序表,并运用专业技术进行治疗。
讨论记录	1. 智力发育障碍的病因有哪些? 2. 根据临床表现对智力障碍的分度与美国 DSM-5 对智力障碍的分度之间的异同点有哪些?
教师评语	

学生签名: 教师签名:

实训十一　孤独症谱系障碍

【学时】

4 学时

【目的】

完成该实验后,学生应该能够:

1. 掌握孤独症谱系障碍的临床特点。

2. 掌握孤独症谱系障碍的诊断标准。

3. 掌握孤独症谱系障碍的康复评定。

4. 掌握孤独症谱系障碍的康复治疗。

【课前准备】

1. 阅读《儿童康复学》第五章"神经发育障碍性疾病的康复"第八节"孤独症谱系障碍"相关内容。

2. 阅读本节实训指导相关内容。

3. 孤独症谱系障碍临床特点。

4. 孤独症谱系障碍诊断标准。

【器材】

1. 孤独症谱系障碍相关影音资料

2. Gesell 发展诊断量表(Gesell development schedules,GDDS)

3. 简易婴幼儿孤独症筛查量表改良版(the modified checklist for autism in toddlers, M-CHAT)

4. 孤独症行为量表(ABC)

5. 儿童孤独症评定量表(childhood autism rating scale,CARS)

6. 孤独症治疗评估量表(autism treament evaluation checklist,AETC)

7. PT 床

8. 稿纸和笔

【步骤要求】

学生 4~6 人一组,分别对孤独症患者进行康复功能评定和制订康复治疗方案。

一、孤独症儿童的评定

（一）Gesell 发育诊断量表（GDDS）

属于行为发育诊断量表,检查 4 周~6 岁婴幼儿及学龄前儿童的神经精神发育,具有较强的专业性。检查内容分为适应性行为、大运动、精细动作、语言、个人-社交行为五方面。以发育商(DQ)来评估发育水平。如果 DQ 低于 85,要慎重分析原因。

（二）简易婴幼儿孤独症筛查量表改良版（M-CHAT）

基于 CHAT 修改而成,是孤独症早期评估的理想工具。用于 16~30 个月儿童,共 23 个(其中包括 CHAT Section A 的 9 项)父母填写项目。6 个关键项目分别评估社会联结、共同注意、分享物品及应人能力。当 23 项中 3 项或 6 项关键项目中至少 2 项未通过则提示有孤独症高风险,未通过初筛者需进一步评估。

（三）孤独症行为量表（ABC）

国内外广泛使用,稳定性好,阳性符合率可达 85%。涉及感觉、行为、情绪、语言等方面的异常表现,可归纳为生活自理(S)、语言(L)、身体运动(B)、感觉(S)和交往(R)5 个因子的 57 个项目,每个项目 4 级评分,总分≥53 分提示存在可疑孤独症样症状,总分≥67 分提示存在孤独症样症状,适用于 8 个月~28 岁的人群。由父母或与孩子共同生活达 2 周以上的人评定。

（四）儿童孤独症评定量表（CARS）

适用于 2 岁以上的人群,共包括 15 个项目,分别为与他人关系、模仿、情感反应、肢体动作、使用物体、对变化的反应、视觉反应、听觉反应、味嗅觉反应、害怕与紧张、语言交流、非语言交流、活动程度、智力及一致性、总体印象。每个项目 4 级评分,根据儿童在每一个项目从正常到不正常的表现,分别给予 1~4 的评分,必要时还可给半分,如 1.5 分或 2.5 分等。总分<30 分为非孤独症,由专业人员评定,评定人员应通过直接观察、与家长访谈、各种病历报告获得受评定儿童的各项资料,在对每一领域进行评定打分时,应考虑儿童年龄以及行为特点、频率、强度和持续性。

（五）孤独症治疗评估量表（autism treament evaluation checklist，AETC）

分为说话/语言、社交、感知觉和健康/行为 4 项,共 77 题,量表总分为 0~179 分,分值越高,症状程度越重。说话/语言部分:根据不能、有点能、完全能分别评为 2、1、0 分;社交部分:根据不像、有点像、非常像分别评为 0、1、2 分;感知觉部分:根据不能、有点能、完全能分别评为 2、1、0 分;健康/行为部分:根据不成问题、极小问题、中等问题、严重问题分别评为 0、1、2、3 分。

二、制订孤独症儿童康复治疗目标

1. 近期目标
2. 远期目标

三、制订孤独症儿童康复治疗方案

根据以下原则制订康复治疗方案：

（一）早期长程

应当早期诊断、早期干预、长期治疗，强调每日干预。对于可疑的患儿也应当及时进行教育干预。

（二）科学系统

应当使用明确有效的方法对患儿进行系统的教育干预，既包括针对 ASD 核心症状的干预训练，也包括促进患儿身体发育、防治疾病、减少滋扰行为、提高智能、促进生活自理能力和社会适应能力等方面的训练。

（三）个体训练

针对 ASD 患儿在症状、智力、行为等方面的问题，在评估的基础上开展有计划的个体训练。对于重度儿童孤独症患儿，早期训练时的师生比例应当为 1∶1。小组训练时也应当根据患儿发育水平和行为特征进行分组。

（四）家庭参与

应当给予患儿家庭全方位的支持和教育，提高家庭参与程度，帮助家庭评估教育干预的适当性和可行性，并指导家庭选择科学的训练方法。家庭经济状况、父母心态、环境和社会支持均会影响患儿的预后。父母要接受事实，妥善处理患儿教育干预与生活、工作的关系。

四、孤独症患儿常用干预方法

（一）应用行为分析疗法（applied behavioral analysis，ABA）

1. 任务分析与分解　对儿童行为和能力进行评估，对目标行为进行分析。

2. 分解任务并逐步强化训练，在一定的时间内只进行某项分解任务的训练。

3. 儿童每完成一个分解任务都必须给予奖励（正性强化），奖励物主要是食品、玩具和口头、身体姿势的表扬，奖励随着儿童的进步逐渐隐退。

4. 运用提示（prompt）和渐隐（fade）技术，根据儿童的能力给予不同程度的提示或帮助，随着儿童对所学内容的熟练再逐渐减少提示和帮助。

5. 间歇（intertrial interval）　两个任务训练间需要短暂的休息。每周干预 20~40 小时，每天 1~3 次，每次 3 小时。

（二）作业治疗（occupational therapy，OT）

增加感官刺激以利于感知觉发展；感觉统合训练（sensory integration training，SIT）；精细运动训练（fine movement training）；日常生活活动能力训练。

（三）结构化教学法（treatment and education of autistic and related communication handicapped children，TEACCH）

1. 根据不同训练内容安排训练场地，要强调视觉提示，即训练场所的特别布置，玩具及其他物品的特别摆放。

2. 建立训练程序表，注重训练的程序化。

3. 确定训练内容,包括儿童模仿、粗细运动、知觉、认知、手眼协调、语言理解和表达、生活自理、社交以及情绪情感等。

4. 在教学方法上要求充分运用语言、身体姿势、提示、标签、图表、文字等各种方法增进儿童对训练内容的理解和掌握。同时运用行为强化原理和其他行为矫正技术帮助儿童克服异常行为,增加良好行为。

(四)图片交换交流系统(picture exchange communication system,PECS)

包括实物交换、扩大主动性、图片辨认、句子结构、对"你要什么"做出回应、回应性和主动性表达意见六个阶段。

(五)人际关系发展干预(relationship development intervention,RDI)

1. 评估确定儿童人际关系发展水平。

2. 根据评估结果,依照正常儿童人际关系发展的规律和次序,依次逐渐开展目光注视-社会参照-互动-协调-情感经验分享-享受友情等能力训练。

3. 开展循序渐进的、多样化的训练游戏活动项目。

(六)社交能力训练(social skill training,SST)

可进行对视训练、面部表情训练、共享注意训练、模仿训练、用手与人交流训练、拥抱训练、游戏训练、轮流等待训练等。

(七)地板时光(floor time)

观察(面部表情、声调、肢体动作、有无语言、情绪、交流、需求等);接近、开放式的交流;跟随儿童的兴趣和目标;扩展游戏活动;让儿童闭合交流的环节。

(八)文化游戏介入(PCI)

主要是以文化学习有关的能力为主要的介入目标,包括社会性趋向、相互调控、模仿、意图解读、社会性参照、游戏、分享式注意力、心智理论、会话与叙事等,介入的做法。

(九)Denver模式(ABA+人际关系干预)

年龄:12个月至学龄前。核心特征:在自然状态下应用ABA,正常发育顺序,父母积极参与,用互动游戏分享鼓励,重点在人与人之间的互动和正面影响,在积极、有感情基础的关系中,学习语言和沟通技巧。

【讨论】

1. 孤独症谱系障碍的诊断标准是什么?

2. 不同发育时期孤独症谱系障碍的临床症状有哪些?

实验操作课记录表

实验名称	孤独症谱系障碍		
学时数	4	小组成员	
目的	完成该实验后,学生应该能够: 1. 掌握孤独症谱系障碍的临床特点 2. 掌握孤独症谱系障碍的诊断标准 3. 掌握孤独症谱系障碍的康复评定 4. 掌握孤独症谱系障碍的康复治疗		

续表

要求	1. 在操作课中注意安全,遵守实验室管理规定和医学伦理道德 2. 爱护实验设备,保持环境整洁,如有实验设备破损请及时向老师汇报 3. 必须按照操作步骤进行 4. 要求每位同学在此次课程中积极参加讨论			
	序号	名称	数量	备注
所需器材	1	孤独症谱系障碍相关影音资料		
	2	Gesell 发展诊断量表(Gesell development schedules,GDDS)		
	3	简易婴幼儿孤独症筛查量表改良版(M-CHAT)		
	4	孤独症行为量表(ABC)		
	5	儿童孤独症评定量表(CARS)		
	6	孤独症治疗评估量表(AETC)		
	7	诊断床(PT 床)		
	8	笔和稿纸		
实验 操作 记录	对孤独症儿童进行评定,并制订治疗目标及治疗方案: 1. 根据儿童发育水平进行评定: 2. 评定结果: 3. 治疗目标: 4. 治疗方案: 5. 实施治疗:根据处方或确定的治疗程序表,并运用专业技术进行治疗。			
讨论记录	1. 孤独症谱系障碍的诊断标准是什么? 2. 不同发育时期孤独症谱系障碍的临床症状有哪些?			
教师评语				

学生签名: 　　　　　　　　　　教师签名:

实训十二　脑性瘫痪

【学时】

4 学时

【目的】

完成该实验后,学生应该能够:

1. 掌握脑性瘫痪的定义及分型。
2. 掌握脑性瘫痪儿童的康复评定以及各类型脑瘫的治疗方案。

【课前准备】

1. 阅读《儿童康复学》第六章"神经系统疾病的康复"第一节"脑性瘫痪"相关内容。
2. 阅读本节实训指导相关内容。
3. 各类型脑性瘫痪儿童的临床特点。
4. 脑性瘫痪儿童康复评定方法。
5. 各类型脑性瘫痪儿童康复治疗方法。

【器材】

1. 改良 Ashworth 痉挛量表
2. 徒手肌力检查(MMT)
3. S-S 语言发育迟缓评价量表
4. 韦氏儿童智力量表(WISC)
5. 粗大运动功能评定(GMFM)量表
6. Peabody 运动发育评定(PDMS-2)量表
7. 儿童功能独立性评定量表(Wee function independent measurement,Wee-FIM)
8. 模拟患儿(可用布偶娃娃代替,或者同学之间模拟操作)
9. PT 床
10. 相关治疗设备(Bobath 球、室内模拟楼梯等)

【步骤要求】

学生 2 人一组,进行角色扮演,一人扮演脑性瘫痪儿童,一人扮演治疗师,练习脑性瘫痪儿童的康复评定和康复治疗。

一、脑性瘫痪儿童的康复评定

（一）肌张力评定

见表 12-1。

表 12-1 改良 Ashworth 痉挛量表

级别	评级标准
0	无肌张力增高
1	肌张力轻度增高:被动运动患侧肢体在 ROM 终末呈现最小阻力或突然卡住
1⁺	肌张力轻度增高:被动运动患侧肢体在 ROM 后 50% 内突然卡住,然后出现较小的阻力
2	肌张力较明显地增高:被动运动患侧肢体在大部分 ROM 内均有阻力,但仍能比较容易地进行被动运动
3	肌张力显著增高:被动运动患侧肢体在整个 ROM 内均有阻力,被动运动困难
4	僵直:患侧肢体呈僵直状态,不能完成被动运动

（二）肌力评定

见表 12-2。

表 12-2 MMT 肌力分级标准

级别	名称	标准	相当于正常肌力的比例(%)
0	零(Zero,O)	无可测知的肌肉收缩	0
1	微缩(Trace,T)	有轻微收缩,但不能引起关节活动	10
2	差(Poor,P)	在减重状态下能做关节全范围运动	25
3	尚可(Fair,F)	能抗重力做关节全范围运动,但不能抗阻力	50
4	良好(Good,G)	能抗重力,抗一定阻力运动	75
5	正常(Normal,N)	能抗重力,抗充分阻力运动	100

（三）关节活动度评定

1. **头部侧向转动试验** 正常时下颌可达肩峰,左右对称,肌张力增高时阻力增大,下颌难以达肩峰。

2. **臂弹回试验** 使小儿上肢伸展后,突然松手,正常时在伸展上肢时有抵抗,松手后马上恢复原来的屈曲位置。

3. **围巾征** 将小儿手通过前胸拉向对侧肩部,使上臂围绕颈部,尽可能向后拉,观察肘关节是否过中线,新生儿不过中线,4~6 个月小儿过中线。肌张力低下时,手臂会像围巾一样紧紧围在脖子上,无间隙;肌张力增高时肘不过中线。

4. **腘窝角** 小儿仰卧位,屈曲大腿使其紧贴到胸腹部,然后伸直小腿,观察大腿与小腿之间的角度。肌张力增高时角度减小,降低时角度增大。正常 4 月龄后应大于 90°(1~3 个月

$80°\sim100°$、$4\sim6$个月 $90°\sim120°$、$7\sim9$个月 $110°\sim160°$、$10\sim12$个月 $150°\sim170°$）。

5. **足背屈角** 小儿仰卧位,检查者一手固定小腿远端,另一手托住足底向背推,观察足从中立位开始背屈的角度。肌张力增高时足背屈角减小,降低时足背屈角增大。正常 $4\sim12$ 月龄为 $0°\sim20°$（$1\sim3$个月 $60°$、$3\sim6$个月 $30°\sim45°$、$7\sim12$个月 $0°\sim20°$）。

6. **跟耳试验** 小儿仰卧位,检查者牵拉足部尽量靠向同侧耳部,骨盆不离开床面,观察足跟与髋关节的连线与桌面的角度。正常 4 月龄后应大于 $90°$,或足跟可触及耳垂。

7. **股角（又称内收肌角）** 小儿仰卧位,检查者握住小儿膝部使下肢伸直并缓缓拉向两侧,尽可能达到最大角度,观察两大腿之间的角度,左右两侧不对称时应分别记录。肌张力增高时角度减小,降低时角度增大。正常 4 月龄后应大于 $90°$（$1\sim3$个月 $40°\sim80°$、$4\sim6$个月 $70°\sim110°$、$7\sim9$个月 $100°\sim140°$、$10\sim12$个月 $130°\sim150°$）。

8. **牵拉试验** 小儿呈仰卧位,检查者握住小儿双手向小儿前上方牵拉,正常小儿 5 个月时头不再后垂,上肢主动屈肘用力。肌张力低时头后垂,不能主动屈肘。

9. **对于变形与挛缩的评定** 脑性瘫痪儿童易发生挛缩,容易出现关节的变形,如斜颈、脊柱侧凸,骨盆的前倾或侧倾,髋关节的脱臼或半脱臼,膝关节屈曲或过伸展,足的内外翻等。

（四）反射发育评定

1. **原始反射** 脑性瘫痪儿童往往表现为原始反射不出现、亢进或延迟消失,临床常检查觅食反射、吸吮反射、手与足握持反射、拥抱反射、张口反射、跨步反射、踏步反射、侧弯反射等。

2. **姿势反射** 人生后就有抗重力维持立位和能够立位移动的基本能力,这种抗重力维持姿势的平衡、修正姿势的反射总称为姿势反射,大多是无意识的反射活动。人在活动中保持姿势是多个反射协调的结果,所以姿势反射可以反映神经系统的成熟度,是评定运动障碍的根据。根据神经系统发育状况,不同的姿势反射应在不同时期出现、消失或终生存在。姿势反射主要包括原始反射的 ATNR、STNR、TLR 以及各类立直反射、降落伞反射（保护性伸展反射）等。

3. **平衡反应** 是最高层次（皮质水平）的反应。当倾斜小儿身体支持面,移动其身体重心时,小儿为了保持平衡,四肢代偿运动,调节肌张力以保持整体的正常姿势。平衡反应的成熟发展,可以使人维持正常姿势。不同体位的平衡反应出现时间不同,终生存在。临床通常检查卧位、坐位、跪立位、立位平衡反应。脑性瘫痪儿童平衡反应出现延迟或异常。

4. **背屈反应** 从背后拉立位的小儿使之向后方倾斜,则踝关节和足趾出现背屈,对于无支持的站立和行走十分重要。正常小儿出生后 $15\sim18$ 个月出现,不出现或出现延迟为异常。

5. **病理反射及牵张反射** 锥体系受到损伤时可以诱发出病理反射、牵张反射亢进、踝阵挛、髌阵挛及联合反应等。此外,锥体系及锥体外系损伤都有可能出现联合反应,如主动用力、张口、闭嘴时发生姿势的改变等。在检查评价和治疗中,要尽力避免和减少患儿的联合反应。

（五）步态分析

步态分析（gait analysis）是利用力学的原理和人体解剖学知识、生理学知识等对一个人行走的功能状态进行分析的研究方法,用以评定步行的异常,确定治疗方案和判断治疗前后的疗效,评定肢体的伤残程度等。小儿的步行方式与成人基本相似的时期大约是在 2 岁,完全与成人相同则需到 5 岁左右。

（六）感知觉评定

感知觉评定包括感觉处理、视觉、听觉、触觉、平衡觉、本体感觉、左右分辨、空间位置与关系、视觉整合、图形背景分辨、深度分辨、形状分辨、地点定向、感觉统合发展能力等评定。

（七）认知觉评定

认知觉评定包括记忆力、理解力、定向能力、分辨能力、注意力、判断力、活动主动性、终止活动能力、排列能力、分类能力、概念形成、空间运用、问题解决能力、学习能力、醒觉层次等评定。

（八）言语功能评定

言语功能评定包括语言发育迟缓、构音障碍的评定。

1. 语言发育迟缓评定 脑性瘫痪语言发育迟缓的评定主要应用"S-S 语言发育迟缓评价法"，S-S 语言发育迟缓评价法检查内容包括符号形式与内容指示关系、基础性过程、交流态度三个方面。

2. 运动性构音障碍评定 应用中国康复研究中心运动性构音障碍评定法进行评定，该评定法由李胜利等依据日本运动性构音障碍检查评定法和其他发达国家运动性构音障碍评定理论形成。该评定法包括两项：构音器官检查和构音检查。通过此方法的评定不仅可以检查出脑性瘫痪儿童是否存在运动性构音障碍及程度，而且对治疗计划的制订具有重要的指导作用。

（九）精神功能评定

精神功能评定包括对患儿智力和气质的评定。常用的量表有韦氏智力测验、中国比内智力量表、Peabody 图片词汇测验、瑞文标准推理测验等。

韦氏智力测验是世界上应用最广泛的智力测验诊断量表，我国已进行了修订。对于 3 岁以上的儿童要根据其年龄选用适当的韦氏量表。韦氏儿童智力量表（Wechsler intelligence scale for children，WISC）：适用于 6～16 岁，目前使用的是第Ⅳ版（WISC-Ⅳ），包括 14 个分测验，分 10 个核心分测验和 4 个补充分测验。

（十）粗大运动功能发育评定

粗大运动功能（gross motor function）发育是指抬头、翻身、坐、爬、站、走、跳等运动发育，是人类最基本的姿势和移动等运动功能的发育。

粗大运动功能评定（gross motor function measure，GMFM）：该量表将不同体位的反射、姿势和运动模式分为 88 项评定指标，共分五个功能区，最后得出原始分（5 个能区原始分）、各能区百分比（原始分/总分×100%）、总百分比（各能区百分比相加/5）、目标区分值（选定能区百分比相加/所选能区数），全面评定粗大运动功能状况，被广泛采用。该量表还被修订为 66 项评定指标。

（十一）精细运动功能评定

精细运动功能（按精细动作发育顺序进行评定，协调性、灵巧性、眼球运动、手眼协调功能发育）、肌张力、姿势及反射等的评定。注意：对小年龄组儿童进行肌力评定比较困难，可以将评定融入到游戏中，在游戏中进行评定。

常用的精细运动评定量表为 Peabody 运动发育评定第二版（Peabody developmental motor scales-2，PDMS-2），适用于评定 0～72 个月的所有儿童（包括各种原因导致的运动发育障碍儿童）的运动发育水平。用于精细运动功能评定的分测验包括：①抓握分测试：26 项，共 52 分，评定儿童应用手的能力。评定从单手抓握物体开始，逐渐发展到用双手手指的动作。②视觉-运动整合分测试：共 72 项，共 144 分，评定儿童应用视觉感知技能完成一些复杂的手眼协调任务的能力，如伸手抓住一些物体、搭积木、模仿绘画等。可以得出精细运动发育商。

（十二）日常生活活动功能评定

日常生活活动能力（activity of daily living）评定包括自理、功能性活动、家务及认知与交流等方面的评定:①自理活动:包括进食、穿衣、个人卫生(刷牙、洗脸、洗澡、洗头、梳头、化妆、剃须、剪指甲等)、如厕(进出厕所、穿脱衣裤、大小便的控制、便后清洁、厕所冲洗等);②功能性活动:包括床上运动、转移、行走、交通工具的使用;③家务方面:包括购物、炊事、洗衣、打扫卫生、使用家具及家用电器、安排家庭财务等;④交流与认知方面:包括理解、表达、阅读、书写、听广播、看电视、打电话、使用电脑、记忆、解决问题、社会交往等。

常用的评定量表为儿童功能独立性评定量表(Wee function independent measurement,Wee-FIM),可评定儿童功能障碍的程度以及看护者对儿童进行辅助的种类和数量。广泛应用于特殊需求儿童功能水平评定、康复计划制订以及疗效评定。

(十三)交流能力评定

交流能力评定包括理解能力和表达能力的评定。可依据格塞尔发育诊断量表、贝利婴幼儿发展量表中智力量表、S-S语言发育迟缓评定、构音障碍评定量表中有关交流能力部分的得分做出评估。

(十四)主要生活领域的评定

生活领域的评定包括教育和经济生活的评定。教育评定是指评定患儿接受教育的情况。经济生活的评定是指评定患儿独自或同他人一起时,有目的、持续地参与活动,使用物品、玩具、材料或游戏程序的能力,主要是对患儿游戏能力的评定。

(十五)社会交往技能评定

社会交往技能包括适应行为、两人之间的关系、集体中的人际关系、规则的遵守等评定。其中心理行为评定包括情绪、自制力、自我概念、行为等评定。

(十六)环境评定

环境(environmental)评定包括针对脑性瘫痪儿童矫形器和辅助用具的评定、医院或康复机构、家庭环境评定以及社区人工环境评定,康复治疗人员、学校老师及同学、社区人员、家长及家庭成员等的态度。重点针对脑性瘫痪儿童的功能水平,对其即将回归的环境进行实地考察、分析,以了解儿童在实际生活环境中活动完成情况、舒适程度及安全性,准确找出影响其活动的因素,向儿童所在的家庭、社区(包括幼儿园、学校)及政府机构提供环境改造的适当建议和科学依据,最大限度地提高其功能水平和独立性。

(十七)其他方面的评定

脑性瘫痪儿童还可伴有言语语言障碍、听力障碍、视觉障碍、智力障碍、心理行为异常等,因此,应根据患儿临床表现和需求,进行言语语言、听觉、视觉、智力、心理行为评定和步态分析等,同时进行日常生活活动能力及独立生活能力、学习能力、交流能力、辅助器具使用情况、家庭及学校环境等的评定。可以根据儿童发育不同阶段的关键年龄所应具备的标准,参考和应用各类量表以及相关设备进行评定。

(十八)ICF-CY评定

国际功能、残疾与健康评定青少年版(international classification of functioning,disability and health for children and youth,ICF-CY),是世界卫生组织所倡导的、广泛适用的评定系统及康复理念的框架模式。目前,世界卫生组织已编制出脑性瘫痪的ICF-CY核心分类组合,包括5个版本:综合版核心分类组合类目135条类目。简明通用版核心分类组合类目25条类目。3个年龄段简明版核心分类组合为:<6岁组31条类目;≥6且<14岁组35条类目;≥14且<18岁组37条类目。提倡应用ICF-CY的理念认识小儿脑性瘫痪及其相关因素,采取全面、正确的康复措施。

二、制订脑性瘫痪儿童康复治疗计划

（一）近期目标

近期目标是经过治疗,预计在短期内达到的目标,一般设定为经过4~8周的治疗可达到的功能目标。

（二）远期目标

是经过一到两个疗程的治疗,预期能达到的目标,一般设定为经过3~6个月或更长时间的治疗可达到的功能目标。

（三）总体计划

总体治疗计划是康复医师根据患儿的病史、体格检查及初期评定结果,针对身体功能和结构障碍、活动和参与障碍,制订的康复治疗处方。计划中应明确患儿的整体情况,所达到的发育水平,存在的功能和能力障碍,明确写出该患儿应做哪些康复治疗和护理。

（四）具体计划

各康复治疗师针对患儿相应的功能障碍,结合患儿个人因素、家庭环境和教育环境因素,制订具体的康复治疗计划。康复治疗计划中应明确针对患儿哪项功能障碍而做哪种康复训练项目,以及该项目的强度、次数、治疗时间等。

三、制订脑性瘫痪儿童康复治疗方案

（一）物理治疗

1. **物理因子疗法** 包括功能性电刺激疗法的经皮神经电刺激法、神经肌肉电刺激法、仿生物电刺激法等;传导热疗法的石蜡疗法、热袋温敷法、温热罨（蜡）包疗法、Kenny湿敷温热法等;水疗法的涡流浴、伯特槽浴、步行浴游泳运动、水中功能训练等;冷疗法;生物反馈疗法的肌电生物反馈疗法、脑电生物反馈疗法、重复经颅磁刺激等。上述各类治疗中,水疗最为广泛应用和提倡,既是物理因子治疗,又是运动治疗。将流体力学和运动学相结合,利用水的浮力、水波的冲击、水温的刺激、机械刺激、化学刺激,可以使患儿肌肉松弛,缓解痉挛,改善关节活动,从而使患儿能够在水中比较容易地自我控制,在抗重力状态下调整姿势以及完成各种正常姿势和运动;增强肌力,改善协调性,提高平衡能力,纠正步态等。水的压力还可以促进血液循环,促进胸腹的运动使呼吸运动加快,改善呼吸功能,增强患儿的抵抗力,促进神经系统的发育。

2. **运动疗法** 运动疗法（therapeutic exercise）是采用主动和被动运动,通过改善、代偿和替代的途径,旨在改善运动组织（肌肉、骨骼、关节、韧带等）的血液循环和代谢,促通神经肌肉功能,提高肌力、耐力、心肺功能和平衡功能,减轻异常压力或施加必要的治疗压力,纠正躯体畸形和功能障碍。

小儿脑性瘫痪的康复治疗广泛应用运动疗法,涵盖了运动疗法的所有内容,如:主动运动的随意运动、抗阻力运动;助力运动;被动运动;诱发运动;等长运动;向心性及离心性等张运动;等速运动;放松性运动;力量性运动;耐力性运动;局部运动;整体运动;徒手运动;器械运动;关节松动技术;软组织牵伸技术;肌力训练技术;牵引技术等。神经生理治疗技术中神经发育学疗法（neurodevelopment therapy, NDT）及神经易化技术被广泛采用,包括:Bobath技术、

Vojta 技术、Rood 技术、Brunnstrom 技术、本体感神经肌肉易化技术（proprioceptive neuromuscular facilitation,PNF）、Temple Fay 技术、Domain 技术、Phelps 技术等。引导式教育（Petö 疗法）于 20 世纪 80 年代后期引进,目前日益受到重视并被采用,其他技术如强制性诱导疗法、减重步态训练、平衡功能训练、借助于辅助器具的训练等。除上述技术与方法外,近年将核心稳定性训练、悬吊训练、运动控制理论及任务导向性训练等先进康复技术引入脑性瘫痪康复中,使康复效果更加显著。

（二）作业治疗

1. 姿势控制 按照儿童发育的规律,通过包括游戏在内的各种作业活动训练,保持患儿的正常姿势,是进行各种随意运动的基础。

2. 上肢功能训练 上肢的功能发育、随意运动能力,是生活自理、学习以及将来能否独立从事职业的关键。通过应用各种玩具,以游戏的形式促进患儿正常的上肢运动模式和视觉协调能力;通过使用木棒、鼓棒、拔起插棒等方法,促进患儿手的抓握能力;矫正患儿拇指内收。

3. 促进日常生活动作能力 作业疗法的最终目的是达到患儿的生活自理能力。促进运动发育、上肢功能、感知认知功能的训练,应与日常生活动作训练相结合。如训练饮食动作时需要头的控制、手眼协调、手的功能、咀嚼、吞咽时相应部位的运动;训练更衣动作、洗漱动作、排泄动作、洗浴动作、书写动作等。

4. 促进认知功能的发育 进行作业治疗,可以促进浅感觉和深感觉的发育,改善儿童对身体部位和形象的认识,提高感知觉及认知功能。

5. 促进情绪的稳定和社会适应性 身体功能障碍越重,行动范围越受限,经验越不足,社会的适应性越差。应从婴幼儿起,调整其社会环境,通过游戏、集体活动来促进脑性瘫痪儿童的社会性和情绪的稳定。

6. 辅助器具、矫形器、移动工具的使用 进食用自助具、整容用自助具、更衣用自助具、如厕入浴自助具、家务用自助具、交流用自助具、休闲活动、其他动作、矫形器(上肢)、轮椅。

7. 环境改造 根据 ICF 的观点,环境因素对身体功能、身体结构、活动和参与这三方面均有影响,明确环境障碍所在,然后针对环境障碍提出解决方案,再改造或重建无障碍环境来实现功能障碍者的全面康复,这就是环境改造的目的。所以为了从根本上解决功能障碍者的困难,还需要改变环境来适应功能障碍者的损伤,才有助于功能障碍者的活动和参与。

8. 感觉统合治疗 脑性瘫痪儿童多存在不同程度的感觉统合障碍。感觉统合治疗对于提供感觉刺激信息、提高调节感觉信息能力、作出正确的感觉接收调节、提高感觉辨别等适应性反应、提高平衡功能和运动稳定性、改善行为组织能力、提高学习能力、改善姿势控制及运动计划、集中注意能力等方面具有重要意义。

（三）言语治疗

1. 日常生活交流能力的训练 日常生活交流能力训练应尽可能帮助患儿参与家庭和社会活动,鼓励他和其他小孩一起玩,鼓励他像其他孩子一样活动,增进其社会交往的能力。注意不要把表达的手段只限定在言语上,要充分利用手势语、表情等可能利用的随意运动,将其作为日常生活交流的手段,也作为促进语言发育的基础。在日常生活活动中,让患儿的语言产生分化和泛化。

2. 进食训练 儿童的进食训练可以提高口腔诸器官的协调运动功能,这对构音运动有很大的促进作用,可以说进食训练是发音训练的基础。

3. 吞咽障碍训练 脑性瘫痪儿童因口腔、咽、食管等吞咽器官发生病变,出现饮食障碍。吞咽障碍训练包括吞咽器官运动训练、感觉促进综合训练、摄食直接训练,对吞咽障碍患者及其家属的健康教育及指导等。

4. 语言发育迟缓训练 根据每个儿童语言发育迟缓检查、评价结果、语言特征来制订训练目标及方法。从检查结果确定患儿处于哪个阶段水平,就把此阶段定为开始训练的出发点,设定训练内容。患儿通过学习已掌握了某一阶段的部分内容,则可以学习这一阶段的其他尚未掌握的内容,并以此为基础逐渐扩展本阶段的学习内容。如果横向扩展训练患儿已经完成并达到目标,则训练转向下一阶段。训练方法包括未学会言语符号儿童的训练、手势符号训练、扩大词汇量训练、词句训练、语法训练、表达训练、文字训练、交流训练等。

5. 构音器官运动训练 是改善脑性瘫痪儿童呼吸和发音功能的训练,不同类型脑性瘫痪儿童的训练重点不同。应具体情况具体分析,制订训练计划时,要考虑全面,并应在抑制异常姿势、反射的条件下进行,原则是先易后难。

6. 构音训练 脑性瘫痪儿童的构音障碍个体差异很大,按照先元音后辅音,然后是单词、句子、短文的顺序进行训练。在构音训练的同时,还应注意以语言发育的阶段为基础,制订具体的训练计划,进行治疗。训练中要遵循横向扩展、纵向提高的原则,如对事物名称的控制。

7. 利用语言交流辅助器具进行交流的能力训练 交流板或交流手册是将日常生活中的活动通过常用的字、图片或照片表示出来,儿童通过指出交流板上或交流手册中的字或图片表明自己的意图。交流板可以包括图画板、字板、词板和句子板等多种形式。交流手册相对于交流板更便于随身携带,而且其内容更丰富一些,在一定的条件下,儿童可以凭借交流手册达到与他人"交谈"的目的。

8. 小组语言训练 可为患儿提供相互了解、学习、合作的机会,能够使患儿之间相互模仿、修正与强化自己的行为,逐渐增强社会适应能力,建立语言能力和社会交往能力。

【讨论】

1. 脑性瘫痪儿童的康复原则有哪些?
2. ICF-CY 的评定系统及康复理念的框架模式是什么?

实验操作课记录表

实验名称	脑性瘫痪		
学时数	4	小组成员	
目的	完成该实验后,学生应该能够: 1. 掌握脑性瘫痪的定义及分型 2. 掌握脑性瘫痪儿童的康复评定以及各类型脑瘫的治疗方案		
要求	1. 在操作课中注意安全,遵守实验室管理规定和医学伦理道德 2. 爱护实验设备,保持环境整洁,如有实验设备破损请及时向老师汇报 3. 必须按照操作步骤进行 4. 要求每位同学在此次课程中积极参加讨论		

续表

	序号	名称	数量	备注
所需器材	1	改良 Ashworth 痉挛量表		
	2	徒手肌力检查(MMT)		
	3	S-S 语言发育迟缓评价量表		
	4	韦氏儿童智力量表(WISC)		
	5	粗大运动功能评定(GMFM)量表		
	6	Peabody 运动发育评定(PDMS-2)量表		
	7	儿童功能独立性评定量表(Wee function independent measurement,Wee-FIM)		
	8	治疗床		
	9	相关治疗设备(Bobath 球,室内模拟楼梯等)		
	10	诊断床(PT 床)		
	11	标记笔和稿纸		
实验操作记录	对脑性瘫痪儿童进行评定,并制订治疗目标及治疗方案: 1. 根据儿童发育水平进行评定: 2. 评定结果: 3. 治疗目标: 4. 治疗方案: 5. 实施治疗:根据处方或确定的治疗程序表,并运用专业技术进行治疗。			
讨论记录	1. 脑性瘫痪儿童的康复原则有哪些? 2. ICF-CY 的评定系统及康复理念的框架模式是什么?			
教师评语				

学生签名:　　　　　　　　　　　教师签名:

实训十三　重症肌无力

【学时】

4 学时

【目的】

完成该实验后,学生应该能够:

1. 掌握重症肌无力的康复评定。
2. 掌握重症肌无力的康复治疗。

【课前准备】

1. 阅读《儿童康复学》第六章"神经系统疾病的康复"第四节"重症肌无力"相关内容。
2. 阅读本节实训指导相关内容。
3. 重症肌无力的临床表现以及临床分型。

【器材】

1. 重症肌无力儿童相关影音资料
2. 严重程度评定量表
3. 心理障碍的评定量表
4. PT 床
5. 稿纸

【步骤要求】

集体观看重症肌无力儿童相关影音资料,4~6 名同学一组进行实训操作。

1. 根据评定结果,设定预期目标　目标一般分为短期、长期和最终目标。

2. 制订治疗方案　结合评定结果制订相应治疗方案。

3. 实施治疗　根据处方或确定的治疗程序表,按照总的治疗方针,并运用专业技术进行治疗。

【注意事项】

1. 在操作过程中注意安全。

2. 根据儿童临床表现进行评定。
3. 结合评定结果制订个性化的治疗目标及治疗方案。

【讨论】

1. 重症肌无力儿童的受累肌肉的临床表现有哪些？
2. 重症肌无力的并发症有哪些？

实验操作课记录表

实验名称	重症肌无力		
学时数	4	小组成员	
目的	完成该实验后,学生应该能够: 1. 掌握重症肌无力的康复评定; 2. 掌握重症肌无力的康复治疗。		
要求	1. 在操作课中注意安全,遵守实验室管理规定和医学伦理道德 2. 爱护实验设备,保持环境整洁,如有实验设备破损请及时向老师汇报 3. 必须按照操作步骤进行 4. 要求每位同学在此次课程中积极参加讨论		

所需器材	序号	名称	数量	备注
	1	重症肌无力儿童相关影音资料		
	2	严重程度评定量表		
	3	心理障碍的评定量表		
	4	PT床		
	5	稿纸		

实验操作记录	1. 根据儿童发育水平进行评定结果: 2. 根据评定结果,设定预期目标 短期目标: 长期目标: 3. 治疗方案: 4. 实施治疗:根据处方或确定的治疗程序表,并运用专业技术进行治疗。
讨论记录	1. 重症肌无力儿童的受累肌肉的临床表现有哪些? 2. 重症肌无力的并发症有哪些?
教师评语	

学生签名： 教师签名：

实训十四　特发性脊柱侧凸

【学时】

4 学时

【目的】

完成该实验后,学生应该能够:

1. 掌握儿童的体格发育规律。
2. 掌握特发性脊柱侧凸的临床评定。
3. 掌握制订康复治疗的目标、原则与治疗方法。

【课前准备】

1. 阅读《儿童康复学》第八章"儿童肌肉骨骼系统疾病的康复"第五节"特发性脊柱侧凸"相关内容。
2. 阅读本节实训指导相关内容。
3. 儿童的体格发育规律。
4. 特发性脊柱侧凸临床常用的分型。
5. 脊柱旋转测量尺的实用。

【器材】

1. 特发性脊柱侧凸儿童相关影音资料
2. 测量工具,如脊柱旋转测量尺、皮尺等
3. PT床
4. 稿纸

【步骤要求】

集体观看特发性脊柱侧凸儿童相关影音资料,4~6名同学一组进行实训操作。

1. **根据评定结果,设定预期目标**　目标一般分为短期、长期和最终目标。
2. **制订治疗方案**　结合患儿发育水平制订相应治疗方案。
3. **实施治疗**　根据处方或确定的治疗程序表,按照总的治疗方针,并运用专业技术进行治疗。

【注意事项】

1. 在操作过程中注意安全。
2. 根据患儿临床表现进行评定。
3. 结合评定结果制订个性化的治疗目标及治疗方案。

【讨论】

特发性脊柱侧凸的并发症有哪些？

实验操作课记录表

实验名称	特发性脊柱侧凸			
学时数	4		小组成员	
目的	完成该实验后,学生应该能够: 1. 掌握儿童的体格发育规律 2. 掌握特发性脊柱侧凸临床常用的分型 3. 掌握特发性脊柱侧凸的临床评定 4. 掌握制定康复治疗的目标、原则与治疗方法			
要求	1. 在操作课中注意安全,遵守实验室管理规定和医学伦理道德 2. 爱护实验设备,保持环境整洁,如有实验设备破损请及时向老师汇报 3. 必须按照操作步骤进行 4. 要求每位同学在此次课程中积极参加讨论			
所需器材	序号	名称	数量	备注
	1	特发性脊柱侧凸儿童相关影音资料		
	2	测量工具,如脊柱旋转测量尺、皮尺等		
	3	PT 床		
	4	稿纸		
实验 操作 记录	1. 根据儿童体格发育水平进行评定结果: 2. 根据评定结果,设定预期目标 短期目标: 长期目标: 3. 治疗方案: 4. 实施治疗:根据处方或确定的治疗程序表,并运用专业技术进行治疗。			

讨论记录	特发性脊柱侧凸的并发症有哪些？
教师评语	

学生签名：　　　　　　　　　　　　　教师签名：

实训十五 发育性髋关节脱位

【学时】

4 学时

【目的】

完成该实验后,学生应该能够:

1. 掌握发育性髋关节脱位的临床特点。
2. 掌握不同年龄段发育性髋关节脱位儿童的康复评定方法。
3. 掌握发育性髋关节脱位儿童的康复治疗方法。

【课前准备】

1. 阅读《儿童康复学》第八章"儿童肌肉骨骼系统疾病的康复"第六节"发育性髋关节脱位"相关内容。
2. 阅读本节实训指导相关内容。
3. 发育性髋关节脱位的临床特点。
4. 不同年龄段发育性髋关节脱位儿童的康复评定方法。
5. 发育性髋关节脱位儿童的康复治疗方法。

【器材】

1. 面部表情评分量表
2. Peabody 运动发育量表(PDMS-Ⅱ)
3. 皮尺
4. 量角器
5. PT 床

【步骤要求】

学生 2 人一组,进行角色扮演,一人扮演发育性髋关节脱位儿童,一人扮演治疗师,练习发育性髋关节脱位儿童的康复评定,制订治疗计划和康复治疗方案。

一、发育性髋关节脱位的康复评定

对于不同年龄段的患儿,康复评定的方法和内容有所不同。除临床评定和检查方法区别外,1 岁以前的或不会走路的患儿应针对患儿的关节活动度、肌力、下肢长度、粗大运动功能等项目进行评定;1~3 岁患儿,在此基础上还应增加对平衡功能、步态、精细运动功能项目的评定;3 岁以上患儿应对患儿的疼痛、关节活动度、肌力、下肢长度、全身功能状况、疼痛、步态、精细运动功能、认知功能进行评定。

（一）术前临床评定

发育性髋关节脱位患儿出生时可能仅为髋臼发育不良,没有髋关节脱位,而在数周或数月后才发展为髋关节脱位。

1. 新生儿期检查方法 包括外观与皮纹、股动脉搏动、Allis 征、Barlow 试验、Ortolani 试验、髋关节屈曲外展试验。

（1）外观与皮纹:髋脱位时,患侧大腿、小腿与健侧不对称,臀部宽,腹股沟褶皱不对称,患侧短或消失,臀部褶纹亦不相同。患侧升高或多一条,整个下肢缩短且轻度外旋位。

（2）股动脉搏动减弱:腹股沟韧带中点以下一横指可扪及股动脉,股骨头脱位后股动脉失去衬托,搏动减弱或不易触到,检查需两侧对比观察。

（3）Allis 征:患儿仰卧,双侧髋、膝关节屈曲,两足平放于床面上,正常两侧膝顶点等高,若一侧较另一侧低,则为阳性,表明股骨或胫腓骨短缩或髋关节脱位。

（4）Barlow 试验:又称弹出试验。检查时患儿双髋、双膝屈曲 90°,检查者握住股骨大小粗隆外展髋关节,拇指向外上方推压股骨头,股骨头向后脱出,去除压力后股骨头自然复位,则为 Barlow 试验阳性。

（5）Ortolani 试验:将患儿双膝和双髋屈曲至 90°,检查者将拇指放在患儿大腿内侧,食指、中指则放在大转子处,将大腿逐渐外展、外旋。如有脱位,可感到股骨头嵌于髋臼缘而产生轻微的外展阻力。然后,以食指往上抬起大转子,可感到股骨头滑入髋臼内时的弹动。

（6）髋关节屈曲外展试验:又称蛙式试验。双髋关节和膝关节各屈曲 90°时,正常新生儿及婴儿髋关节可外展 80°左右。若外展受限在 70°以内时应怀疑髋关节脱位。若检查时听到响声即可外展 90°表示脱位已复位。

2. 较大儿童的检查方法 较大儿童的髋可由不稳定变成脱位,并由可复位变为不可复位,因此除上述 Allis 征及外展试验外,需增加 Trendelenburg 征、望远镜试验、跛行步态的评定。

（1）Trendelenburg 征:主要用于检查髋关节承重功能。先让患儿健侧下肢单腿独立,患侧腿抬起,患侧臀皱襞（骨盆）上升则为阴性;再让患侧下肢单腿独立,健侧腿抬高,则可见健侧臀皱襞下降,为阳性征,表明持重侧的髋关节不稳或臀中、小肌无力。

（2）望远镜试验:又称 Dupuytren 征。检查时,患儿仰卧,检查者一手握膝部抬高大腿 30°,一手固定骨盆,上下推拉股骨干,若觉察有抽动和弹响则为阳性,提示存在髋关节脱位。

（3）跛行步态:发育性髋关节脱位儿童一般开始行走的时间较正常儿童晚。单侧脱位者有跛行步态。双侧脱位者站立时腰部明显前凸,易出现典型"鸭步"。

（二）术后临床评定

发育性髋关节脱位术后患儿需要评定伤口、疼痛情况、体温变化等。X 线检查了解髋关节正确对线对位、截骨处愈合情况,以及是否出现股骨头缺血性坏死等并发症。由于发育性髋关节脱位术后患儿需要长期石膏或支具固定,因为在石膏或支具拆除后需评定患儿下肢关节活动度、肌力等情况。

（三）下肢长度和围度的测量

1. 下肢长度测量 包括下肢长、大腿长、小腿长。

（1）下肢长:患儿仰卧位,骨盆水平位,下肢伸展,髋关节中立位。测量从髂前上棘到内踝的最短距离,或从股骨的大转子到外踝的距离。

（2）大腿长:患儿仰卧位,骨盆水平位,下肢伸展,髋关节中立位。测量从股骨大转子到膝关节外侧关节间隙的距离。

（3）小腿长:患儿仰卧位,骨盆水平位,下肢伸展,髋关节中立位。测量从膝关节外侧关节间隙到外踝的距离。

2. 下肢围度的测量 包括大腿围度和小腿围度的测量。

（1）大腿围度:患儿下肢稍外展,膝关节伸展位。分别从髌骨上缘起向大腿中段测量围度,在记录测量结果时应注明测量的部位。

（2）小腿围度:患儿下肢稍外展,膝关节伸直位。分别在小腿最粗的部位和内、外踝最细的部位测量围度。

（四）关节活动度的评定

婴幼儿髋关节活动度的评定可通过髋关节屈曲外展试验进行;对于较大年龄的儿童,关节活动度的评定可使用量角器测量法。

1. 髋关节屈曲[0°~(130°~140°)] 患儿仰卧位,髋关节、膝关节伸展。量角器轴心位于股骨大转子侧面,固定臂指向骨盆侧面,移动臂与股骨长轴平行。在测量过程中膝关节屈曲。

2. 髋关节后伸[0°~(10°~15°)] 患儿侧卧位。量角器轴心位于股骨大转子侧面,固定臂指向骨盆侧面,移动臂与股骨长轴平行。在测量时,髋关节用力后伸。

3. 髋关节外展[0°~(30°~45°)] 患儿仰卧位。量角器轴心位于髂前上棘,固定臂位于两髂前上棘的连线上,移动臂与股骨长轴平行。测量得到角度减去90°即为髋关节的外展活动度。

4. 髋关节内收[0°~(20°~30°)] 患儿仰卧位,髋、膝关节伸展于0°中立位。量角器摆放与髋外展的放置方法相同。测量时,两侧肢体向同一侧运动,测量远离一侧肢体运动的内收角度。

5. 髋关节内旋[0°~(40°~50°)] 患儿坐位或仰卧位,量角器轴心置于胫骨平台的中点,固定臂和移动臂与胫骨长轴平行。当髋关节内旋时,固定臂仍保留于原来的位置,与地面垂直,移动臂则跟随胫骨移动。

6. 髋关节外旋[0°~(30°~40°)] 患儿坐位或仰卧位,髋关节、膝关节屈曲于90°,量角器与髋内旋的放置方法相同。待测量下肢应屈膝使下肢靠在台下或屈髋屈膝使脚置于台上休息,同时躯干保持直立位。

（五）疼痛评定

因疼痛感受的高度主观性,以及小儿缺乏语言表达及联系既往痛苦经历的能力的特点,儿童疼痛评定方法区别于成人。常用的儿童疼痛评定方法包括颜色选择法、Hester扑克牌法、口头描述法、面部表情评分、目测类比评分法。

（六）肌力评定

严重的发育性髋关节脱位儿童可出现髋外展肌力的下降,可通过徒手肌力测试评定其肌肉力量,评定需双侧进行对比。

（七）运动功能的评定

可使用Peabody运动发育量表(PDMS-2)评定患儿的粗大运动功能、精细运动功能。

二、根据评定结果制订康复计划

1. 近期目标
2. 远期目标

三、根据评定结果和治疗计划制订康复治疗方案

（一）复位前的康复治疗

需告知家长,石膏和支架固定的重要性,可能出现的功能受限、肌肉萎缩、异常姿势、运动发育落后等情况,让家长了解康复的重要性。教授家长掌握各种吊带的松紧度调节、佩戴期间患儿日常护理;教授家长观察足趾活动和血运的方法,防止出现肢端缺血坏死。注意皮肤和大、小便的护理。在术前指导家长术后患儿可采用的转移体位方式,转移时一定要保持髋关节外展位,注意石膏或支架的妥善佩戴,避免患儿在起床、坐起等过程中过度屈曲、内收髋关节,以防股骨头从髋臼中滑脱。

（二）复位阶段的康复治疗

1. 0~6月龄 此年龄段是理想的治疗时间。髋关节可以轻柔地复位,用Pavilk吊带可以稳定地维持在外展位,成功率为90%~95%,可防止伸髋及内收,并使双髋呈屈曲外展位,适用于Ortolani征阳性的新生儿,以及髋关节发育不良、半脱位或脱位的1~6月龄的婴儿。需教会家长如何使用Pavilk吊带,绕身体的带子应该放在紧贴乳头线的下方,前侧屈曲的带子应位于膝关节的内侧,后方外展的带子应该放松一点,容许患儿有一点主动活动的同时限制内收,保持髋关节的对位关系,髋关节屈曲到约100°。吊带使用3周后,超声检查显示髋关节并没有复位,则应该终止使用吊带,进行闭合复位关节造影和人字形石膏固定。如3周以后髋关节复位,则可以继续使用吊带,直到体格检查和超声提示髋关节在正常的范围内。目前的经验认为,吊带使用时长应为患儿的年龄加6周(例如,3周大的患儿,吊带使用时长应为9周)。

2. 6~18月龄 此年龄段患儿大多可行手法复位,再以髋人字石膏(外展约45°,屈曲约100°)固定。一般不主张牵引,但年龄接近2岁或髋关节较僵硬难以手法复位者,牵引可能有益。石膏1~2个月更换一次,第2、3次石膏可由人字形改为伸直外展内旋位石膏。石膏固定总时间为6~9个月;若复位仍不成功,则需手术切开复位。由于蛙式石膏易影响股骨头发育且易产生股骨头缺血性坏死,故临床上已弃用。

3. 18月龄以上 随年龄增长及负重增加,患儿软组织挛缩逐渐加重,前倾角加大,髋臼外形畸形明显。两岁以后保守治疗对骨性改变的塑形能力有限,故需切开复位及Salter骨盆截骨术,甚至需行股骨粗隆间旋转截骨以矫正前倾角。术后需进行石膏或支具固定。

（三）术后康复治疗

发育性髋关节无论采用何种方法治疗都需要长时间固定,这不仅使髋关节正常运动受到限制,而且还会阻止患儿正常运动发育。因此,康复治疗不仅要恢复髋关节以及下肢的正常活动,还要强调促进患儿正常运动功能发育。

1. 制动阶段(0~6至8周) 在患儿佩戴支具或石膏固定期间,要在保证良好制动的情况下,利用各种康复手段降低其对患儿带来的负面影响。

（1）患儿家长教育:保证髋关节正确固定姿势,防止并发损伤;制动阶段,患儿需定期随

访,多数时间在家庭度过,因此对患儿家长的教育尤为重要。需教育患儿家长掌握:固定期间,要特别注意不能使髋关节超过中立位内收、过度内旋。支具正确的穿戴方法,防止髋关节过度外展和屈曲。监测下肢血液循环情况,预防皮肤损伤。患儿体位转换。大小便护理,防止石膏受潮变形。定期随访就诊。

(2)预防肌肉萎缩,促进血液循环:固定后即可进行下肢肌肉等长收缩练习。身体其他部位主动活动,如上肢、腰背肌、足趾等主动训练。术后石膏固定患儿早期进行踝泵训练。

(3)促进正常运动功能训练:尤其对 1 岁以下小年龄患儿进行针对性训练,如作业治疗、粗大运动功能训练等。

(4)术后早期可以采用物理因子治疗缓解疼痛。

2. 牵引阶段　下肢皮牵引是发育性髋关节脱位治疗中常使用的治疗方法,一般在切开复位术石膏固定拆除后进行,或髋臼造型和截骨术前使用,起到相对制动和牵拉股骨头复位的作用,此阶段康复治疗如下:

(1)患儿家长教育:正确的下肢皮牵引方法。避免髋关节内收超过中立位、过度内旋。体位转移过程中保护髋关节。

(2)下肢关节活动度训练:进行髋关节小范围关节被动训练。踝、膝关节逐渐从主动辅助训练过渡到主动训练。

(3)下肢肌力训练:下肢抗阻训练;髋部肌群等长收缩;功能性电刺激等。

(4)促进伤口愈合:采用红外线、低频电等物理因子治疗。

(5)保持上肢功能性水平:以功能性活动的模式进行主动抗阻练习;上身功能性训练,如坐起等。

3. 髋关节保护性练习阶段　在支具、石膏、牵引等治疗结束后,早期治疗效果良好的患儿即进入髋关节保护性练习阶段。在此阶段,需要对髋关节进行保护,防止脱位发生。

(1)恢复下肢正常关节活动度:纠正髋外展位习惯性姿势。渐进性髋关节活动度训练。膝关节活动度训练。

(2)下肢运动活动和控制能力训练:卧位时在保护范围内做髋关节的主动助力练习。坐位下主动屈伸膝关节,强调终末端的伸展。由助力进展到主动屈髋、膝(足跟滑行),去除重力的髋外展练习,根据手术入路进行由外旋至内旋中立位的练习。这些练习均在卧位下进行。站立时手扶台面以维持平衡,屈膝或伸膝时进行髋关节的主动练习。在术腿上施加许可的重量,进行髋关节屈、伸和外展的闭链练习。

(3)正常运动发育促进:对于小年龄患儿应全面促进其运动能力发育。

4. 中期保护性练习阶段　此阶段发育性髋关节脱位治疗方法较多,根据创伤大小等不同,其恢复时间有很大不同。

(1)恢复下肢及任何受累部位的肌力和肌耐力:在许可的范围内继续进行主动开链和闭链的关节活动度训练。可以无支撑站立时进行双侧的闭链练习,如利用轻级别弹力带或双手持轻重物的抗阻半蹲。

1)术腿可在全负重时进行单侧的闭链练习,如前后踏步。

2)强调增加锻炼的重要次数而非阻力,以改善肌肉耐力。

(2)下肢功能性训练:平衡功能训练。下肢本体感觉恢复训练。渐进性步行训练:可先行辅助下肢跨步练习,逐渐过渡到站立跨步、步行,逐渐转换为各种方向步行练习等。核心稳定性训练。

（3）髋关节功能性活动训练：渐进式增加阻力训练髋关节稳定性。合理增加髋关节屈伸、内收外展、内外旋等动作训练。各种生活活动行为训练。

5. 恢复后期 训练手术内固定拆除后依旧需根据患儿情况进行康复训练，达到全面恢复，恢复生活、学习。

（1）下肢加强肌力训练：全面进行下肢抗阻训练，并与下肢功能相结合。

（2）步态纠正训练：对于步态存在的问题进行纠正。

（3）功能性水平恢复：练习走、跑、跳以及各种安全性高的体育运动。

（四）家庭康复治疗方法

发育性髋关节脱位术后患儿采取被迫卧位，卧床时间长，不可预知的治疗效果给患儿及家长带来极大的心理负担，易产生焦虑、恐惧、冲动情绪。因此，应针对患儿的年龄、性格特点和家长的文化、经济状况，予以心理康复治疗。

髋人字石膏固定最常见的问题是皮肤刺激症状，保持石膏干燥是最有效的预防方法，叮嘱家长勤换尿布（尽量不使用尿布），使会阴部暴露于空气和阳光，预防尿布疹的发生。患肢抬高 15°～30°，悬空足跟，每天按摩石膏边缘皮肤，通过转换体位减少背部、骶骨相应部位受压，如每天俯卧 2～3 次，每次约 1 小时。

【讨论】

1. 发育性髋关节脱位的治疗目的是什么？
2. 发育性髋关节脱位的并发症有哪些？

实验操作课记录表

实验名称	发育性髋关节脱位			
学时数	4	小组成员		
目的	完成该实验后，学生应该能够： 1. 掌握发育性髋关节脱位的临床特点 2. 掌握不同年龄段发育性髋关节脱位儿童的康复评定方法 3. 掌握发育性髋关节脱位儿童的康复治疗方法			
要求	1. 在操作课中注意安全，遵守实验室管理规定和医学伦理道德 2. 爱护实验设备，保持环境整洁，如有实验设备破损请及时向老师汇报 3. 必须按照操作步骤进行 4. 要求每位同学在此次课程中积极参加讨论			
所需器材	序号	名称	数量	备注
	1	面部表情评分量表		
	2	Peabody 运动发育量表（PDMS-Ⅱ）		
	3	皮尺		
	4	量角器		
	5	PT 床		
	6	标记笔和稿纸		

实验 操作 记录	根据老师给出的案例进行模拟评定,并制订治疗目标及治疗方案: 1. 根据儿童功能水平进行评定: 2. 评定结果: 3. 治疗目标: 4. 治疗方案: 5. 实施治疗:根据处方或确定的治疗程序表,并运用专业技术进行治疗。
讨论记录	1. 发育性髋关节脱位的治疗目的是什么? 2. 发育性髋关节脱位的并发症有哪些?
教师评语	

学生签名: 　　　　　　　　　　教师签名:

实训十六 苯丙酮尿症

【学时】

4 学时

【目的】

完成该实验后,学生应该能够:

1. 掌握苯丙酮尿症的临床特点。
2. 掌握苯丙酮尿症儿童的康复评定方法。
3. 掌握苯丙酮尿症儿童的康复治疗方法。

【课前准备】

1. 阅读《儿童康复学》第九章"遗传性疾病的康复"第三节"苯丙酮尿症"相关内容。
2. 阅读本节实训指导内容。

【材料】

1. 苯丙酮尿症相关影音视频资料
2. Peabody 运动发育量表(PDMS-Ⅱ)
3. 儿童韦氏智力量表(WISC)
4. 功能独立性评定量表儿童版
5. 语言发育迟缓检查量表
6. 儿童生活功能量表(PEDI)
7. 相关康复治疗用具
8. PT 床
9. 笔和稿纸

【步骤要求】

观看苯丙酮尿症相关影音视频资料,学生 2 人一组,进行角色扮演,一人扮演苯丙酮尿症儿童,一人扮演治疗师,进行康复评定,制订治疗计划和康复治疗方案。

一、康 复 评 定

（一）一般状况和体格检查

包括营养状态评定,身高、体重、头围、胸围等测量,特别注意检查皮肤、毛发、面容和体味等。

（二）功能评定

1. 发育性评定

（1）粗大和精细运动评定:可以根据年龄选择以下量表评定:Alberta 婴儿运动量表:适合于 18 个月以下婴儿的粗大运动能力评定;Peabody 运动发育量表:适合于 72 个月以下婴幼儿的粗大及精细运动能力评定;粗大运动功能测评（GMFM）等。

（2）智力评定:全面性发育迟缓和智力障碍是染色体病患儿的突出表现,可根据不同年龄选择相应评估量表进行评定。包括贝利婴幼儿发展量表（BSID）、Gesell 发育量表、学龄前儿童韦氏智力量表（WPPSI）、儿童韦氏智力量表（WISC）等。

（3）语言能力评定

1）构音障碍评定:言语清晰度差的患儿可以采用汉语版构音障碍评定法进行构音器官、构音类似运动和构音方面的检查。

2）语言发育迟缓评定:可采用（S-S）语言发育迟缓检查法评估语言发育水平,包括交流态度、操作性课题、言语符号的理解和表达。

（4）日常生活能力评定:可采用 Barthel 指数、功能独立性评定量表儿童版、儿童生活功能量表（PEDI）等。

（5）心理、行为及社会适应能力评定:可采用儿童社会适应能力量表、早期孤独症筛查量表（Chat-23 项、ABC 量表）、儿童孤独症评定量表（CARS）、Conners 行为评定量表、Achenbach 儿童行为量表（CBCL）等。

2. 心肺功能评定

某些遗传性疾病的晚期或神经肌肉病进展过程中累及重要脏器时应进行心肺功能监测和评定,包括心率、呼吸、脉搏、血压、血氧饱和度等生命体征的监测,心电图和心脏超声多普勒检查,耐力测试,肺功能仪检测等。

二、康 复 治 疗

（一）神经发育性治疗

采用 Bobath 技术、运动学习和动态系统理论,促进里程碑和各种功能技巧的发育。包括:物理治疗,作业治疗,语言治疗、认知能力训练和日常生活活动能力训练等。

（二）牵伸治疗

适用于神经肌肉病晚期或痉挛儿童,通过被动和（或）主动牵伸、手法松动等,缓解肌张力,防止挛缩和变形。

（三）肌力强化和耐力训练

应根据疾病特点选择适当的训练强度和方法,包括抗阻训练、核心肌群训练、有氧训练等。

（四）姿势管理和辅助器具使用

包括手杖、轮椅、踝足矫形器、脊柱支具等,可以根据疾病性质和进展阶段进行适配,帮助延缓功能丧失,维持良好姿势,增加移动能力。

(五)呼吸管理与心脏康复

适用于脊髓性肌萎缩和肌营养不良儿童,以及各种进展性疾病晚期。

(六)心理学治疗和心理支持

包括行为干预、心理学治疗和(或)精神类药物治疗,同时应加强医疗和教育管理方面的知识宣教,为患儿和家长提供心理咨询和心理支持,营造健康向上的生活氛围和信心,避免社会歧视;提高抗病能力和生活自信心。

(七)共患病的治疗

遗传性疾病常常存在各种共患病,且常因此加快病情进展或加重不良预后,需多学科会诊及时治疗。

【注意事项】

1. 在评定和治疗过程中注意安全。
2. 根据评定结果制订治疗目标和治疗方案。
3. 注意做好宣教。

【讨论】

1. 苯丙酮尿症的病因和临床症状是什么?
2. 苯丙酮尿症对儿童发育会产生哪些影响?

实验操作课记录表

实验名称	苯丙酮尿症			
学时数	4		小组成员	
目的	完成该实验后,学生应该能够: 1. 掌握苯丙酮尿症的临床特点 2. 掌握苯丙酮尿症儿童的康复评定方法 3. 掌握苯丙酮尿症儿童的康复治疗方法			
要求	1. 在操作课中注意安全,遵守实验室管理规定和医学伦理道德 2. 爱护实验设备,保持环境整洁,如有实验设备破损请及时向老师汇报 3. 必须按照操作步骤进行 4. 要求每位同学在此次课程中积极参加讨论			
所需器材	序号	名称	数量	备注
	1	苯丙酮尿症相关影音视频资料		
	2	相关评定量表		
		Peabody 运动发育量表(PDMS-Ⅱ)		
		儿童韦氏智力量表(WISC)		
		功能独立性评定量表儿童版		
		语言发育迟缓检查量表		
		儿童生活功能量表(PEDI)		

所需器材	3	相关康复治疗用具		
	4	诊断床(PT床)		
	5	标记笔和稿纸		

实验 操作 记录	认真观看苯丙酮尿症相关影音资料。 根据老师给出的案例进行模拟评定,并制订治疗目标及治疗方案: 1. 根据儿童功能水平进行评定: 2. 评定结果: 3. 治疗目标: 4. 治疗方案: 5. 实施治疗:根据处方或确定的治疗程序表,并运用专业技术进行治疗。
讨论记录	1. 苯丙酮尿症的病因和临床症状是什么? 2. 苯丙酮尿症对儿童发育会产生哪些影响?
教师评语	

学生签名: 　　　　　　　　　教师签名:

实训十七　肌营养不良

【学时】

4 学时

【目的】

完成该实验后,学生应该能够:

1. 掌握肌营养不良的临床特点。
2. 掌握肌营养不良的运动功能评定。
3. 掌握肌营养不良的物理治疗、作业治疗、辅助器具的使用。

【课前准备】

1. 阅读《儿童康复学》第九章"遗传性疾病的康复"第七节"肌营养不良"相关内容。
2. 阅读本节实训指导相关内容。
3. 儿童的运动发育规律。

【器材】

1. 肌营养不良儿童相关影音资料
2. 运动功能评定量表
3. PT 床

【步骤要求】

集体观看肌营养不良儿童相关影音资料,4~6 名同学一组进行实训操作。

1. **根据评定结果,设定预期目标**　目标一般分为短期、长期和最终目标。
2. **制订治疗方案**　结合患儿发育水平制订相应治疗方案。
3. **实施治疗**　根据处方或确定的治疗程序表,按照总的治疗方针,并运用专业技术进行治疗。

【注意事项】

1. 在操作过程中注意安全。
2. 根据儿童临床表现进行评定。

3. 结合评定结果制订个性化的治疗目标及治疗方案。

【讨论】

肌营养不良对运动功能带来哪些影响?

实验操作课记录表

实验名称	肌营养不良			
学时数	4		小组成员	
目的	完成该实验后,学生应该能够: 1. 掌握肌营养不良的临床特点 2. 掌握肌营养不良的运动功能评定 3. 掌握肌营养不良的物理治疗、作业治疗、辅助器具的使用			
要求	1. 在操作课中注意安全,遵守实验室管理规定和医学伦理道德 2. 爱护实验设备,保持环境整洁,如有实验设备破损请及时向老师汇报 3. 必须按照操作步骤进行 4. 要求每位同学在此次课程中积极参加讨论			
所需器材	序号	名称	数量	备注
	1	肌营养不良儿童相关影音资料		
	2	运动功能评定量表		
	3	PT 床		
实验 操作 记录	1. 根据儿童运动发育水平进行评定: 2. 根据评定结果,设定预期目标 短期目标: 长期目标: 3. 治疗方案: 4. 实施治疗:根据处方或确定的治疗程序表,并运用专业技术进行治疗。			
讨论记录	肌营养不良对运动功能带来哪些影响?			
教师评语				

学生签名: 　　　　　　　　　　教师签名: